Collection
PROFIL
dirigée par Ge

Série
EXPRES

AMÉLIOREZ
VOTRE STYLE

TOME 1

ALINE ARÉNILLA-BÉROS

HATIER

Sommaire

Introduction

Ce livre peut vous intéresser si, dans le cours de vos études, vous redoutez particulièrement les exercices de rédaction - dissertations, essais - ou si, dans votre vie professionnelle, vous êtes amené à rédiger des lettres ou des rapports - et quelquefois à les recommencer... ou encore s'il vous arrive en faisant votre courrier d'hésiter dix minutes avant de terminer une phrase mal engagée.

Vous savez alors la difficulté qu'il y a à écrire ; les mots se dérobent, les tournures se répètent, la construction s'embrouille : vous ne parvenez pas à exprimer clairement et élégamment ce que vous voulez dire.

Pour résoudre vos difficultés de vocabulaire, vous pouvez avoir recours à deux titres de la collection Profil Formation :
- *Trouvez le mot juste* (n°306)
- *Enrichissez votre vocabulaire* (n°415 / 416)

Mais si vous trouvez plus facilement vos mots, il faut encore choisir les tournures, organiser les constructions de façon satisfaisante, bref améliorer votre style.

Ce petit livre est destiné à vous aider qans cette entreprise, à un niveau tout à fait pratique. Vous ne trouverez pas ici de développements théoriques mais un série de 109 exercices gradués, auxquels font suite les 109 corrigés accompagnés des explications indispensables.

MODE D'EMPLOI

1. N'essayez pas d'épuiser ce livret en deux ou trois séances qui seraient fastidieuses et sans profit. Traitez-le comme un compagnon de route et avancez avec lui à petites étapes. La continuité de l'effort est toujours payante.

2. L'ordre proposé assure une gradation des difficultés. si pourtant les premiers exercices sont trop faciles pour

vous, si vous n'y faites *aucune* faute, commencez votre travail un peu plus loin et *suivez dès lors la progression*.

3. Ne regardez pas le corrigé avant d'avoir terminé l'exercice correspondant et avant de l'avoir fait *par écrit*. Il est souvent possible de travailler directement au crayon sur le livre lui-même, en encadrant, cochant ou soulignant. Ne vous en privez pas ! Pour les cas où ce n'est pas possible, ayez toujours entre les pages quelques feuillets blancs du format convenable.

4. Après vous être reporté au corrigé, soulignez nettement et comptez vos fautes. Vous pourrez aisément évaluer vos résultats (bien que l'appréciation devienne plus délicate pour les exercices de la fin du chapitre 4 qui font davantage intervenir l'invention et le goût) : à moins d'indications particulières, si l'on vous demande 5 réponses, chacune vaut 2 points, si l'on vous en demande 10, chacune vaut 1 point sur 10. Ne passez à l'exercice suivant qu'après avoir obtenu au moins 5 sur 10 au précédent.

5. Si vous avez moins de la moyenne, faites les vérifications qui s'imposent. Utilisez la grammaire qui vous est familière. Si vous n'en avez pas, adoptez le *Précis de grammaire française* par M. Grévisse chez Duculot, Gembloux, 1969 ou la *Grammaire Larousse du Français contemporain* par Chevalier, Blanche-Benveniste, etc., chez Larousse, 1964.

- Ayez un bon dictionnaire, par exemple le *Dictionnaire du Français contemporain* chez Larousse, ou le *Petit Robert* et consultez-le !

- Vous pouvez également utiliser avec profit *l'Art de conjuguer* de Bescherelle, chez Hatier, *Le Français sans faute* (collection « Profil Formation », Hatier) et *le Français correct* de Grévisse (Duculot, Gembloux, 1973), guide pratique extrêmement maniable. Du même auteur, chez le même éditeur, *Le bon usage* est plus complet, mais plus complexe et plus volumineux.

En vous aidant de ces divers alliés, corrigez et comprenez vos erreurs ; cherchez l'explication qui justifie les solutions proposées par le corrigé. Quelques heures plus tard, ou le lendemain, refaites l'exercice qui vous a arrêté. Vous obtiendrez sûrement un meilleur résultat et vous pourrez aller de l'avant.

PLAN

Ce livre comporte 4 chapitres qui forment les étapes de votre parcours.

Le 1er chapitre vous exerce à reconnaître et à éviter diverses sortes de fautes qui peuvent défigurer un texte écrit : phrases incomplètes, fautes de ponctuation, d'accentuation et d'orthographe, erreurs dans l'emploi des temps verbaux, fautes de grammaire enfin.

Le second vous signale un autre danger extrêmement banal, la confusion entre la langue écrite et la langue parlée familière. Les expressions négligées ou même incorrectes que celle-ci admet ne sont pas de mise dans celle-là. Il importe de bien reconnaître les tournures familières pour pouvoir en jouer à bon escient.

Mais il ne suffit pas d'écrire correctement. Il faut esquiver les lourdeurs inutiles, trouver des expressions claires, denses et concises. C'est à quoi tendent les exercices du troisième chapitre.

Enfin le quatrième vous propose une recherche de l'élégance par des exercices touchant la variété des tours, le rythme des phrases et la justesse des tons.

Il ne s'agit pas de vous apprendre à composer, ni de vous imposer un style - qui est toujours l'expression rigoureusement personnelle d'une pensée ou d'une sensibilité - mais de vous aider à maîtriser la langue commune correcte, celle dont vous avez besoin lors des examens ou dans l'exercice de votre métier, de sorte que vous puissiez ensuite trouver votre propre style.

Traquez les fautes

FAITES DES PHRASES COMPLÈTES

La phrase française la plus simple, par exemple « Il pleut », comporte un sujet et une forme verbale. A ce noyau essentiel peuvent s'adjoindre toutes sortes de compléments : « Depuis une heure, à travers la fenêtre ouverte, il pleut sur ma table au point que tous mes papiers sont trempés. » Mais l'intonation, l'expression de physionomie de notre interlocuteur ou la situation dans laquelle nous lisons un texte nous permettent de comprendre immédiatement bon nombre de phrases elliptiques : « Fatigué ? » veut dire : « Es-tu (ou êtes-vous) fatigué ? » ; « Risques de verglas » signifie : « Il y a des risques de verglas. »

Pour rédiger correctement, il faut éviter ces facilités de la langue courante et refuser le style télégraphique, acceptable seulement dans les télégrammes ou dans les écrits strictement utilitaires, notes prises en cours ou indications de consignes. Il faut faire des phrases complètes.

1. En ajoutant un ou plusieurs mots aux places indiquées par des points de suspension, complétez les phrases suivantes de façon à les rendre plus correctes et plus claires. Par exemple : « ... Pas la peine d'insister ! » donnera : « Ce n'est pas la peine d'insister ! » Vous devez trouver 10 ajouts pour l'ensemble de l'exercice (« *Ce n'est* pas la peine » = *un* ajout).
- ... faut pas s'en faire : ... la devise des insouciants ! - Ils se méfient des jeunes... : ... incroyable ! - Combien... le kilo de pêches ?... abusif !... pas question... - ... attention ! ici... une marche.

2. Complétez de même le texte que voici, mais en choisissant vous-même la place des 10 ajouts : il n'y a pas de points de suspension.
Pas faciles, les voisins ! Mais faut tout de même essayer de s'entendre avec. Pas de problème avec le vieux du second :

un brave homme. Au contraire la petite qui est locataire du deux-pièces sur la rue est très désagréable : en premier elle fait beaucoup de bruit, et deuxièmement elle parle à personne.

3. Il arrive que par étourderie on enchaîne deux phrases simples sans les avoir bien distinguées. Le résultat est alors tout à fait incorrect. A partir des phrases fautives que voici, reconstituez en ajoutant les mots nécessaires deux phrases complètes et séparées par une ponctuation, deux propositions indépendantes. Par exemple : « Ce régiment contint quelques jours l'avance ennemie désorganisait nos lignes » donnera : « Ce régiment contint quelques jours l'avance ennemie ; celle-ci désorganisait nos lignes. » 1. Nous traversons avec beaucoup de difficultés la zone forestière, toute bruissante d'insectes, crépite de mille petits bruits. 2. On opte enfin pour la solution suivante, tenant compte des intérêts de chacun, satisfait à peu près tout le monde. 3. On remarquait parmi les passants des gens ternes, terreux, épuisés, aux visages hâves, aux vêtements misérables, suscitaient la pitié. 4. Le moteur, qui commençait à chauffer, accusait durement chaque ressaut nouveau lui imposait un nouvel effort. 5. Les consommateurs réagissent vivement à l'annonce des augmentations sont prévues pour la rentrée.

4. Reliez maintenant les deux propositions obtenues pour chaque phrase du précédent exercice de façon à reproduire une phrase complexe, composée d'une proposition principale et d'une proposition subordonnée. L'exemple que nous avions choisi tout à l'heure donnerait : « Ce régiment contint quelques jours l'avance ennemie *qui* désorganisait nos lignes. »

5. Dans le texte que voici, rétablissez les 10 charnières qui manquent entre les propositions ; trouvez chaque fois la forme du relatif qui convient. Par exemple : « Il regrette les avantages... il bénéficiait là-bas » donnera : « Il regrette les avantages *dont* il bénéficiait là-bas. »
C'est le prix du voyage... m'inquiète. L'agence... j'ai consultée m'a communiqué divers tarifs. L'ami... j'avais demandé de m'accompagner a décidé de ne pas venir. Vous le connaissez : c'est le garçon... je vous avais parlé.

Le groupe au projet... je m'associe part le 28 juillet. Le voyage... ils ont prévu est assez long. En les rejoignant plus tard, j'esquiverai les étapes... ne m'intéressent pas et j'éviterai des frais... le montant excède mes possibilités. C'est une chose... il faut faire attention. L'hôtel aux prospectus... je me suis intéressé est un hôtel assez modeste.

6. A l'aide de traits verticaux découpez le texte suivant en 10 propositions. Parmi les mots charnières que vous remarquerez, il y a 5 conjonctions : lesquelles ? Si une proposition est interrompue, soulignez d'un trait semblable ses divers éléments. Par exemple : « La pensée que cette période tirait à sa fin m'attristait » donnera : « *La pensée* / que cette période tirait à sa fin / *m'attristait ;* 2 propositions, « que » conjonction de subordination.
« Nous avons le plaisir de vous annoncer que le matériel que vous nous avez commandé sera livré prochainement. Si vous ne le recevez pas avant la fin de la semaine, avisez-nous du retard, afin que nous puissions y remédier. Nous ferons de notre mieux pour que vous soyez totalement satisfaits, car nous souhaitons mériter la confiance que vous nous avez toujours témoignée. »

7. Complétez les phrases que voici en rétablissant les charnières qui manquent entre les propositions. Choisissez parmi les conjonctions et locutions conjonctives celle qui convient. Par exemple, complétez : « On ne l'a pas engagé... il était trop jeune » par « parce qu'il était trop jeune » ou « sous prétexte qu'il était trop jeune ».
1. Il s'est donné beaucoup de mal... la fête soit réussie. 2. C'est... ce travail est pénible que l'on ne trouve personne pour le faire. 3. Elle a abusé des somnifères... elle ne parvient plus à trouver le sommeil d'elle-même. 4. ... ils aient essuyé plusieurs refus, ils ne se découragent pas. 5. ... le cirque est parti, il ne reste plus sur la place qu'un peu de paille. 6. On a reconnu... l'erreur ne venait pas de là. 7. Vous avez raison de protester... vous êtes témoin d'une injustice. 8. Personne ne vous croira plus... vous mentez. 9. Faites... tout soit prêt à temps. 10. ... vous insistez si gentiment, j'accepte.

Voici deux textes, identiques à la ponctuation près. Comparez-les :
- Le président-directeur général, déclare le délégué du personnel, exagère ! Les difficultés de l'entreprise et ses ambitions ne sont un secret pour personne.
- Le président-directeur général déclare : le délégué du personnel exagère les difficultés de l'entreprise, et ses ambitions ne sont un secret pour personne...

Vous voyez que la ponctuation peut modifier complètement le sens d'un texte. Il est donc essentiel de ponctuer, et de bien ponctuer.

8. Corrigez 10 fautes de ponctuation dans le texte suivant (les fautes peuvent provenir de signes mal placés ou de signes manquants) :
Le matin suivant, se leva sans un, nuage sortons « dit-il, à son ami ». Nous verrons probablement, un spectacle, qui nous réjouira le cœur et l'esprit ?

9. Ponctuez le texte que voici. Vous compterez 1 point pour chaque signe convenablement placé ; vous enlèverez 1 point pour chaque signe mal placé ou omis.
L'aménagement et les conditions d'exploitation de bon nombre de zoos privés constituent un scandale aux yeux de beaucoup de visiteurs les accidents récents sont dus à la fatalité mais leur gravité révèle une enquête plus critique permet d'incriminer l'autorité publique sa négligence ou sa complaisance n'est-elle pas responsable en dernière analyse de ces morts affreusement dramatiques on peut se le demander

10. Même exercice que le précédent, même barème :
Interviewé à France Inter le ministre a été très net en affirmant les ventes d'armes qui ne concernaient d'ailleurs que du matériel de défense sont arrêtées depuis quelque temps de ces propos il ressort que les protestations actuelles n'auraient aucun fondement mais résulteraient d'une propagande mensongère

N'OUBLIEZ PAS LES ACCENTS ET SURVEILLEZ VOTRE ORTHOGRAPHE

«Il a cru» = «il a accordé foi»,
mais «il a crû» = «il a grandi»... Omettre les accents expose à bien des confusions (par exemple entre verbe et préposition : a / à, entre conjonction de coordination et adverbe relatif de lieu : ou / où) et rend parfois difficile la lecture.

11. Accentuez, s'il y a lieu, les 5 mots suivants :
- une piqure - la maturité - (une voix) aigue - il parait - vous paraissez.

12. Voici des propositions associées deux par deux. Un mot, souligné dans la première, est repris mais remplacé par des pointillés dans la deuxième ; malgré la similitude de prononciation, il peut s'agir d'un autre mot, orthographié ou accentué différemment. Rétablissez correctement les mots qui manquent. Par exemple : «Il scella leur alliance et... son cheval» donnera : «Il scella leur alliance et sella son cheval.»
- La colère *voila* son regard : ... deux heures que j'attends !
- Il *cela* soigneusement ses antécédents ; ... est déloyal.
- Il écrivit «pour *acquit*» et signa avec le sourire ; il avait... une coquette fortune.
- Il arriva en *temps* voulu ; en... que président, il ne devait pas être en retard.
- L'argent lui est *dû*, mais les prestations en nature ne lui sont pas...

13. Voici un texte chauve. Restituez-lui ses accents : chaque accent rétabli correctement comptera pour 1 point, chaque accent mal placé enlèvera 2 points.
Il est depuis longtemps l'eleve d'un maitre exasperant mais efficace, a cote de qui il a, a priori, toutes chances de progresser a condition qu'il observe etroitement ses preceptes.

14. En face de leur notation en chiffres, écrivez en toutes lettres les nombres suivants :
   80
   81
   500
   505
8 000

15. Dans ces quelques phrases, reconstituez les mots incomplets en substituant aux pointillés la ou les lettres dont ils ont pris la place :

Le lang...ge de la ps...chanal...se est souvent employé hors de propos. L'ab...ence de compét...nce n'empêche personne de parler de frustra...ion, de complexes ou de transfert.
L'obse...ion de l'heure et du temps se li... de façon évidente dans le comportement des Parisiens.
La r...é...orique est d'abord un art de bien dire.

16. Choisissez la forme qui convient : *hors,* adverbe / *or,* conjonction de coordination :
1. Très loin,... du jardin, on devinait une rumeur confuse.
2. Je l'ai vu évidemment, parce qu'il a pris la rue Grande : ..., du jardin, on la voit comme je vous vois. 3. ... de l'église, pas de salut ! 4. Le pays semblait tranquille. ... il se produisit bientôt après un événement qui démentit cette sérénité. 5. Il était... de lui.

Choisissez entre *davantage,* adverbe, et *d'avantage,* nom.
6. J'ai plus... à attendre. 7. Je ne peux attendre... 8. Ses malheurs l'aigrissaient... 9. Il ne réclame pas... indu. 10. Elle l'aimait... à mesure qu'il s'éloignait.

17. Pour compléter en 10 endroits le texte suivant, choisissez entre «ses / ces / c'est / s'est / sait (de savoir)».
«Il... se mettre en valeur. ... une force : ... mérites ne passent pas inaperçus. Sa carrière... déroulée sans aucune difficulté jusqu'à ce jour. ... -il où il est nommé ? Il... déjà informé à ce sujet, mais... difficile d'obtenir une réponse. Les employés de... bureaux sont tous débordés en ce moment parce que... à eux que chacun adresse... réclamations.»

18. Pour certains verbes, on orthographie différemment le participe présent (ou le gérondif) et l'adjectif correspondant. Par exemple, on écrira : Un balcon communiquant avec la cuisine (part. présent)
- En lui communiquant cette nouvelle (gérondif)
mais : Des vases communicants (adjectif).
Classez les formes suivantes en gérondifs et adjectifs.

Pour cela soulignez les adjectifs :
fatiguant, vacant, excellent, différent, convaincant, divergent, divergeant, précédant, vaquant, convainquant, précédent, fatigant, différent, négligeant, excellant, intriguant, provocant, provoquant, intrigant.

19. Mettez à la forme qui convient le verbe indiqué à l'infinitif :

exceller	1. C'était un avare... à accumuler les profits.
convaincre	2. Vos arguments ne sont pas très...
négliger	3. En... les difficultés, on ne peut les résoudre.
intriguer	4. C'est un...!
provoquer	5. Elle répondit sur un ton...
vaquer	6. Liste des postes...
exceller	7. Ce repas est...
diverger	8. Ils tentent de concilier des points de vue...
provoquer	9. Il les toisait,... leurs critiques.
précéder	10. On sentait cette touffeur pénible,... l'orage.

20. Dans l'exercice suivant, remplacez les divers pointillés par le verbe «dessiner», à la forme qui convient.
1. Il a... un plan. 2. Il a un plan à... 3. ... ce plan! 4. Ne pas... est une infirmité dans certaines professions. 5. La maison qu'il a... a très belle allure. 6. Veillez à... soigneusement. 7. Vous semblez savoir fort bien... 8. Que...? 9. Que...-vous? 10. Je l'ai vu... ce modèle.

21. Mettez à la forme voulue les participes des verbes indiqués à l'infinitif.
1. (acheter) Le maillot qu'elle s'est... est très joli. 2. (faire) Ils se sont... diverses avanies. 3. (offrir) Regardez la médaille que je lui ai... 4. (se procurer) La raquette qu'il s'est... est extrêmement légère. 5. (passer) Les années que nous avons... là-bas ont été très actives et passionnantes. 6. (louer) Ils se sont... mutuellement à grand renfort de superlatifs élogieux. 7. (louer) Les appartements se sont... très cher cette saison. 8. (louer) Françoise et Jean ont... un appartement très agréable. 9. (se plaire) Ils ne se sont pas... chez leurs correspondants. 10. (se plaire) Ils se sont... à nous contredire.

22. Complétez les mots inachevés et rétablissez les mots omis :

Le hér... du roman n'est guère héroïque. Il est placé devant un terrible dile...e, c'est-à-dire ... cruel... alternativ... Si tu mou...ais, je mou...ais de chagrin moi aussi. Les personnages cornéliens sont à la foi... org...illeux et r...sonneurs.

SOYEZ ATTENTIFS
A L'EMPLOI DES TEMPS

23. Sur le modèle de «Quand il a travaillé, il se repose», complétez les phrases suivantes en indiquant ensuite le nom du temps de verbe utilisé d'abord dans la proposition subordonnée puis dans la proposition principale :

	Temps de la subord.	Temps de la princip.
Quand il ... , il se reposait. Quand il aura travaillé, il se ... Quand il eut travaillé, il se ...		

Dernière question de cet exercice : quelle est la particularité des formes verbales employées dans les 3 propositions subordonnées ?

24. Dans ce texte *au présent,* mettez à la forme voulue les verbes entre parenthèses :

Bien qu'il... (avoir) l'air encore solide, il... (envoyer) aujourd'hui sa démission et... (paraître) inflexible : «Tu m'... (objecter), dit-il, les services que je... (pouvoir) encore rendre, mais d'autres les rendront.» Et il... (conclure) que sa décision est irrévocable.

Même travail pour un texte *au passé* :

Quoi qu'il... (pouvoir) dire et bien qu'il... (redouter) les suites de cette rupture, la cohésion de leur groupe... (cesser) et se... (défaire) brusquement.

25. Mettez à la forme voulue les verbes indiqués entre
parenthèses :
- Je souhaite qu'il... (venir). - J'espère qu'à ce moment-là
il... (faire) beau. - S'il renonçait à ce projet et que nous ne
le... (voir) pas, nous... (être) très déçus. - C'est la meilleure occasion que je... (connaître) de faire un tel voyage.

26. Même exercice :
- Si j'... (savoir), je ne serais pas venu. - Le ciel t'... (entendre)! - Que le meilleur... (gagner)! - Si seulement nous...
(travailler) en ce moment, nous serions moins angoissés! -
Si seulement j'... (pouvoir) mettre de l'argent de côté à
cette époque! - Si c'est si facile, que ne... (faire) -on la même
chose? - Si demain on me l'offrait, je le... (refuser). - Si tu
avais pris tes médicaments, tu ne... (être) pas malade
maintenant. - Si tu avais pris tes médicaments, tu n'...
(être) pas malade hier. - ... (pouvoir)-je le revoir!

27. Pour les phrases qui suivent, choisissez entre passé
composé et passé simple (l'un et l'autre sont corrects mais
l'un des deux convient mieux) :
1. Le 11 juin 1865, la foudre... (tomber) sur l'hôtel de ville.
2. Il y a trois mois, la foudre... (tomber) sur notre maison :
j'en rêve encore de temps en temps. 3. Saint Louis... (recevoir) une éducation très sévère. 4. Hier nous... (avoir) un
accident : il faut que j'envoie le constat à l'assurance. 5.
C'est un garçon exceptionnel, qui... (recevoir) une éducation très soignée.
   A partir de ces phrases, pourriez-vous formuler une
règle d'emploi? Pensez-y quand vous faites un récit.

NE BOUSCULEZ PAS
LA SYNTAXE

28. En cochant dans l'une des 2 colonnes (Juste/Faux)
vous classerez les expressions suivantes et vous indique-
rez brièvement la raison de votre choix. Toute expression
bien classée vous donne 1 point, toute expression mal
classée vous coûte 1 point; une bonne explication vous
donne 1 point, une explication fautive ne vous enlève rien.

	Juste	Faux	Explication
- Il est venu sans qu'on entende rien.			
- Je me demande quelle heure est-il.			
- A peine il est arrivé que déjà il s'ennuie.			
- Peut-être ignore-t-il ce décret.			
- Malgré qu'il en est, il a dû partir.			

29. Corrigez dans ces phrases 5 grosses fautes de grammaire (fautes de construction).
1. Je connais bien le quartier à la rénovation d'ailleurs très difficile et délicate dont vous collaborez. 2. J'insiste là-dessus parce que c'est ce qu'il faut faire bien attention. 3. C'est la petite fille que le père est maçon. 4. Ce qu'il a besoin après tout, c'est qu'on le laisse travailler tranquille. 5. Elle était de plus en plus fatiguée ; elle y était depuis des années.

30. Corrigez dans le texte suivant 10 fautes de grammaire moins manifestes (omission d'un mot nécessaire, fautes d'accord, de construction, de modes, etc...).
« Quand j'ai vu la mer pour la première fois, j'ai été très étonné de pas voir la fin. En arrivant, le matin, elle était gris verte et le soir elle était toute bleue. Nous avons bien pêché, mais nous nous sommes surtout souciés et intéressés au port où beaucoup de bateaux rentraient, profitant de la marée, et d'autres y étaient amarrés avec leurs coques de toutes les couleurs. Quoique le vent était frais, on avait très chaud tous les quatre et on était si excité qu'on sentait pas la fatigue. C'est toujours comme ça après qu'on se soit bien amusé ! Je m'en rappellerai de cette· journée ! »

31. Reliez selon les cas par les relatifs « dont » ou « où » les petites phrases groupées deux par deux. Vous serez parfois amené à les modifier pour assurer la parfaite correction grammaticale de la phrase composée que vous formerez ainsi. Par exemple : «J'entends sonner l'horloge. La régularité de son tic-tac m'obsède» pourrait donner : «J'entends sonner l'horloge dont le tic-tac régulier m'obsède.»

1. L'homme ne répondit rien. La massivité de sa silhouette impressionnait les témoins.

2. Nous regardons pensivement la maison vide et silencieuse. Des cris d'enfants y ont longtemps retenti.

3. Ils regrettaient toutes ces choses. Ils en connaissaient bien le prix.

4. Elle est invitée par des amis. On célèbre aujourd'hui l'anniversaire de leur mariage.

5. Ce cours traite de problèmes graves. Je n'y entends rien.

6. Passionnant sujet ! La réflexion s'efforce d'en saisir la substance.

7. C'est un visage figé. Nous pouvons y lire passivité et veulerie.

8. Ils dégagèrent une énorme racine. Chacune de ses ramifications se déployait en un réseau impressionnant.

9. Cette évolution historique est tout à fait caractéristique. Son annonce exemplaire se trouve dans la trajectoire de l'auteur que nous étudions.

10. Chacun désormais s'intéresse à l'aventure du langage. L'étude de sa stratification, de sa formation, devient le problème essentiel.

32. Rectifiez les constructions fautives suivantes :

1. Nous retrouvons là un thème dont il s'inspire et développe avec beaucoup de vigueur.

2. Non seulement il s'est fâché contre les enfants, mais encore contre le chien.

3. Nous n'étions seulement que trois à cette réunion.

4. Soit qu'il n'ait pas été prévenu, et peut-être pour montrer qu'on l'avait prévenu trop tard, il n'est pas venu.

5. C'est une situation que l'employé connaissait dans tous les détails et s'intéressait de près.

6. S'il vente demain, je ne sortirais pas.

7. Il ne mange volontiers ni des haricots verts et d'une façon générale aucun légume.

8. La chose dont il se rappelait avec le plus de plaisir, c'était la promenade en bateau.

9. Il remit la lettre en mains propres pour ne pas qu'elle s'égare.

10. C'est une curieuse aventure dont chacun de nous, après bien des années où l'oubli jour après jour a fait son œuvre, en garde le plus étrange souvenir.

33. A partir des éléments suivants, faites 5 phrases (de constructions différentes) pour exprimer le but négatif : «Je ne l'ai pas prévenu»; *but poursuivi :* obtenir qu'il ne vienne pas.

34. Exprimez au moyen de 5 phrases différentes l'idée suivante : «Je n'ai pas oublié cette adresse»; deux de ces phrases utiliseront les verbes *se souvenir, se rappeler.*

Exprimez ensuite au moyen de 5 phrases différentes (dont 2 utilisant les verbes *pallier, parer*) l'idée suivante : «Il a évité les conséquences fâcheuses de cet inconvénient.»

35. Pour exprimer l'idée contenue dans les membres de phrases soulignés, vous avez le choix entre 2 tournures : l'une convient, l'autre constitue un véritable contresens. Cochez les tournures qui expriment exactement l'idée dont il s'agit.

1. *Vous savez bien* = vous n'êtes pas sans savoir...

vous n'êtes pas sans ignorer...

2. Je suis perdu
   sauf s'il vient = à moins qu'il ne vienne.

à moins qu'il ne vienne pas.

3. *Peut-être gagnera-t-il* = Il risque de gagner.

Il a des chances de gagner.

4. Ses pronostics *se sont trouvés faux* = se sont avérés faux.

n'ont pas été vérifiés.

5. Que faut-il répondre pour *donner une réponse favorable* à la question : «Cela ne vous dérange-t-il pas de m'aider?» - Non. - Si.

Méfiez-vous des tournures familières $\boxed{2}$

Les tournures familières sont exclues de la langue écrite correcte. On peut en tirer des effets littéraires intéressants, mais il est risqué d'en émailler une copie d'examen ou un texte de rapport... Aussi est-il bon de les reconnaître sans erreur et de savoir leur trouver des équivalents, afin de pouvoir à son gré, selon la circonstance et selon le lecteur prévu, les éviter ou en jouer.

RECONNAISSEZ LES TOURNURES FAMILIÈRES

36. Dans ces propos, entendus alors qu'on sauvait de la noyade un désespéré, soulignez 10 expressions familières :
- Mille francs, c'est un peu jeune pour arriver à vivre !
- A qui vous le dites ! J'en connais un bout sur la question...
- Y a pas, c'est malheureux de voir ça !
- M'en parlez pas, j'en suis tout émue...
- T'en mêle pas, c'est pas tes oignons, des fois qu'on te demanderait de témoigner...
- Son ton est génial !
- Allez, au revoir, messieurs-dames.

37. Notez le sens de ces phrases et faites, en face de chacune d'elles, une croix dans la colonne qui convient :

	Correct	Familier ou incorrect
- Il a fait second.		
- Ce problème n'est pas compréhensif.		
- Il ne fait que pleurer.		
- La couturière prend son ciseau.		
- Il ne fait que d'arriver.		
- Il y a de l'ambiance.		
- Arsinoé lui lance des vannes.		
- Matamore devant le danger se défile.		
- Ne vous frappez pas, ce n'est pas si grave !		
- Ses menaces ne sont que du chiqué.		

38. A chaque ligne du tableau que voici, cochez le mot, ou l'expression, qui n'appartient pas à la langue familière :

Mon	ami	copain	pote
	se débrouille	s'en tire	se tire d'affaire
très bien sans	s'esquinter	se donner de mal	se démancher.
Il était tenté par une moto ;			
hier, persuadé par	le discours	le topo	les salades
du vendeur, il a	flanché	craqué	cédé.
Le soir, je l'ai vite	deviné	intuité	flairé
à son air. Il m'a appelé	«dépêche-toi	secoue-toi	fonce !»
J'ai	saisi	compris	réalisé
aussitôt. Il m'a dit	« Vise	zyeute	regarde
l'engin ! » Moi là-dessus	j'aurais peur	je paniquerais	j'aurais la frousse.

39. Un auteur a utilisé une expression familière dans un texte de langue soutenue. Comment va-t-il s'excuser auprès de ses lecteurs et leur faire accepter ce mot ?

Classez les 10 expressions d'excuse qui suivent en faisant une croix en face de chacune d'elles dans la colonne qui convient :

I = tournures du langage soutenu ; II = expressions que l'on peut employer dans le langage familier ; III = tours à éviter.

Chaque expression bien classée vous donne un point.

	Soutenu	Familier	A éviter
1. ... « sauf votre respect »...			
2. ... « si vous me permettez cette expression »...			
3. ... « faites excuse »...			
4. ... « en parlant familièrement »...			
5. ... « révérence parler »...			
6. ... « Passez-moi l'expression »...			
7. ... « pour parler familièrement »...			
8. ... « comme on dit »...			
9. Mettre le mot familier entre guillemets.			
10. ... « pour employer un langage en accord avec notre sujet »...			

40. La langue familière use volontiers aussi d'expressions à la mode, de tournures toutes faites, ou de termes empruntés à des langages techniques. Soulignez dans cet extrait de rapport 10 expressions maladroites ou familières.

En premier, il faut solutionner les problèmes que nous pose notre environnement au niveau même de notre vie quotidienne et sur le plan de nos préoccupations concrètes. Question transports, notre commune est assez bien positionnée, mais nous voulons encore impulser son expansion côté industries et assurer la décentralisation de plusieurs usines dans notre zone industrielle.

41. Entre toutes les expressions suivantes, 10 seulement sont correctes, les autres appartiennent à la langue parlée familière ou même vulgaire. Quelles sont les expressions correctes ? (Chaque bon choix vous donnera 1 point, chaque erreur vous coûtera 1/2 pt.)

(dialogue entre 2 sœurs) - nous deux ma sœur, nous avons bavardé.
- nous avons bavardé avec ma sœur.
- ma sœur et moi, nous avons bavardé.

(après l'effort) - je suis terriblement courbatue.
- je suis toute courbaturée.
- j'ai des tas de courbatures.

(après un choc) - elle était tout émotionnée.
- elle était bouleversée.
- elle était très émue.

(fin de mois) - il a des soucis pécuniaires.
- il a des soucis pécuniers.
- il a des soucis d'argent.

(soudaine compréhension) - je n'avais pas réalisé que...
- je n'avais pas compris que...
- je ne m'étais pas rendu compte que...

(appréciation nuancée) - c'est plus ou moins clair.
- ce n'est pas très clair.
- il est pas mal sympathique.
- il est plutôt sympathique.
- il est assez sympathique.

DE LA LANGUE FAMILIÈRE
À LA LANGUE CORRECTE

Le relâchement de la langue parlée et la force de l'habitude font que l'on trouve parfois malaisément l'équivalent correct d'une tournure familière.

42. Complétez de la façon qui vous paraît convenable la liste de courses suivante :
Il faudra d'abord passer ... teinturerie et ... boulangerie, puis porter les draps ... laverie ; penser à aller ... l'épicier et

... boucherie avant d'aller ... docteur. En revenant s'arrêter ... charcutier et porter la feuille de sécurité sociale ... pharmacien. De retour à la maison, téléphoner ... plombier et prendre rendez-vous ... coiffeur.

43. Trouvez et corrigez 10 tournures maladroites ou négligées :
1. Il fut blessé à la tête et à l'improviste. 2. Il a refusé cette offre par orgueil, qui est le pire des défauts. 3. Il répondit en anglais et en hésitant. 4. Êtes-vous français ? demanda-t-il ; je le parle. 5. En assistant à *Lorenzaccio,* nous éprouvons les émotions violentes qu'il exprime sur la scène, nous comprenons sa déchéance auprès d'Alexandre de Médicis. 6. Dis-moi le. 7. Tu peux me le confier, j'y donnerai. 8. Il paraît en bonne santé qui contraste avec la mauvaise mine de son camarade. 9. Il ne semble pas que c'est possible. 10. Ça a tout l'air qu'il est parti.

44. Relevez et corrigez 10 incorrections ou négligences de la langue familière dans les phrases suivantes :
1. C'est à lui que vous causez ? 2. Ce sont des jeune-hommes très bien. 3. Je n'en suis pas partisante. 4. Il va à l'école en bicyclette. 5. Je vous quitte en vous souhaitant bonne continuation. 6. La hausse saisonnière tente à se résorber. 7. Il est pourtant sensé avoir préparé ce travail. 8. Nous devons aller ce soir au garden-center. 9. Il faut bien admettre que les conjectures économiques sont difficiles. 10. Nous souhaiterions vous contacter pour cette affaire.

45. Corrigez le texte suivant en remplaçant les expressions familières par des tournures plus correctes. Vous devrez avoir corrigé au moins 5 expressions fautives et avoir proposé 2 équivalents pour chacune d'elles pour avoir la moyenne :
« Cette soi-disant bonne affaire, ça n'a pas marché et pourtant ça avait l'air tout ce qu'il y a de bien. Rapport à nos projets, il m'a expliqué avec plein de chiffres comme quoi il fallait se secouer. Ce que c'est complexe ! ça me donne le cafard... »

46. Trouvez 10 erreurs dans les phrases que voici (lues dans la presse, ou entendues à la radio). Pourriez-vous proposer une correction ?

1. Ces étagères forment un placard décoratif et ambiant pour la chambre d'enfants. 2. Nous sommes décidés de partir. 3. Savez-vous que dans notre commune, grâce au muguet qui y poussait, les bois de Chaville pouvaient en être jaloux ? 4. Ils ont opéré un fric-frac dans les mêmes conditions. 5. Il n'est pas jusqu'aux intellectuels qui se réjouissent. 6. Ils n'ont de cesse qu'ils obtiennent leur dû. 7. Elles ne laissent pas de n'être cupides. 8. Elle a maigri que cela devient inquiétant. 9. Cette nouvelle m'a stupéfaite. 10. Nos arrivages souffrent des fois de graves retards.

47. Proposez la correction souhaitable en face de chacune de ces 10 phrases :

- Nous avons des bonnes nouvelles pour vous !
- En vous remerciant encore, veuillez agréer, Monsieur, l'expression de mon respectueux dévouement.
- Un sonnet comporte normalement deux quatrains et deux tiercés.
- Le ton est orgueilleux, voir arrogant.
- Le XVIIe est sans doute supérieur au XVIIIe par sa littérature.
- Croyez, Monsieur, à mes meilleures salutations.
- Victor Hugo est un grand romantique.
- Quand à nous, nous ferons tout notre possible pour respecter les délais convenus.
- Il dort ; dérange-le pas !
- Tous les jours je suis obligée de le disputer, tellement il est insupportable.

48. Corrigez les expressions familières ou populaires dans les 5 phrases que voici :
1. Tout d'un coup, voilà-t-il pas qu'il m'appelle ? 2. Dommage qu'il est malade. 3. Même que je serais riche, je suis sûr que je ne l'achèterais pas. 4. Bien sûr, vu les circonstances, on comprend qu'il n'ait pas le moral. 5. Baudelaire souffre du « spleen », comme qui dirait il a le cafard.

JOUEZ DE PLUSIEURS REGISTRES

49. Comme vous choisiriez, sur un menu de restaurant, un plat dans la colonne des entrées, un dans celle des plats garnis, un dans celle des desserts, choisissez successivement un mot ou une expression dans chaque colonne verticale du tableau suivant. Essayez de composer ainsi 4 phrases différentes, appartenant respectivement à la langue soutenue, à la langue correcte, à la langue familière et à la langue populaire. Chaque élément figurant dans ce tableau ne peut être employé que dans une seule phrase.

Ces bonnes femmes	se montraient	mauvaises	inconcevable	à notre époque.
Ces dames	étaient	d'une exigence	comme on oserait plus	aujourd'hui.
Ces personnes	faisaient preuve	râleuses	comme on n'oserait plus	de nos jours.
Ces femmes	étaient	exigeantes	comme on ne se le permettrait plus	maintenant.

50. Même exercice, mais vous obtiendrez cette fois des phrases appartenant respectivement à la langue soutenue, à la langue familière, à la langue familière *enfantine* et à la langue populaire.

Un clebs		derrière la demeure	râlait	de son mieux.
Un chien	planqué	derrière la maison	gueulait	très, très fort.
Un toutou	qui s'était réfugié	derrière la baraque	donnait de la voix	tout ce qu'il savait.
Un corniaud	caché	derrière la bicoque	aboyait	à qui mieux mieux.

51. En changeant les mots et en modifiant éventuellement construction et ponctuation, proposez au moins 10 modifications qui permettent de transposer le texte suivant de la langue populaire à la langue soutenue. Votre choix est beaucoup plus libre que dans l'exercice précédent.

« Il était 6 heures quelque chose aux horloges, elle l'avait repéré en sortant. Encore heureux qu'elle ne pleurait pas. Elle pourrait toujours pleurer le lendemain, quand elle serait dans le bureau du boss et qu'il lui sortirait : Mamzelle, vous êtes tout plein gentille, vous mettez pas mal l'orthographe et vous savez y faire ; vous êtes sincère, j'en doute pas, mais je suis dans la triste obligation de vous envoyer vous faire voir ailleurs. »

52. Voici un exercice un peu plus compliqué : en modifiant comme tout à l'heure vocabulaire et éventuellement construction et ponctuation, transposez cette phrase de R. Queneau (*Zazie dans le métro,* Gallimard, p. 50) dans 2 registres différents, celui de la langue courante et celui de la langue soutenue (5 modifications au moins).

Queneau	Langue courante	Langue soutenue
Je sais pas comment je m'y prenais, mais je dégustais tout le temps des amendes, on me barbotait mes trucs, l'État, le fisc, les contrôles, on me fermait ma boutique, en juin 44 c'est tout juste si j'avais un peu d'or à gauche, et heureusement parce qu'à ce moment-là une bombe arrive, et plus rien. La poisse.		

53. Faites le même effort de double transposition pour cette phrase du *Voyage au bout de la nuit* de Céline (Pléiade, p. 25) (5 modifications).

Céline	Langue courante	Langue soutenue
Le village c'était réservé rien que pour l'État-major, ses chevaux, ses cantines, ses valises, et aussi pour ce saligaud de commandant. Il s'appelait Pinçon ce salaud-là, le commandant Pinçon. J'espère qu'à l'heure actuelle il est bien crevé (et pas d'une mort pépère).		

54. Pouvez-vous maintenant rapidement déceler, et corriger, la touche légère de familiarité que comportent ces phrases ?
1. Lors de notre discussion concernant le mur mitoyen, il avait été résolu de laisser la situation telle que. 2. Ça ne me paraît pas vraisemblable. 3. Si on adopte cette résolution... 4. Il est nécessaire d'augmenter nos prix de vente si nous voulons nous y retrouver. 5. En dépit de vos engagements, je constate que c'est du pareil au même. 6. Cette région dédaignée par le vulgum pecus fait la joie des connaisseurs. 7. Ces débats sont particulièrement intéressants à la télé. 8. Suite à votre démarche je tiens à vous informer que... 9. Cette clause est quasiment tombée en désuétude. 10. Ils nous ont rabattu les oreilles de leurs succès.

Le niveau de langue d'un texte suppose une certaine relation entre celui qui écrit et ceux qui lisent. Or, pour que le texte soit accueilli favorablement, il faut que la relation qu'il exprime soit acceptée par les lecteurs. Aussi ne faut-il jouer des tournures familières - où se marque une relation de familiarité - qu'avec *beaucoup* de prudence. Si la situation ne les suscite ou ne les autorise pas, elles risquent de paraître aussi déplacées, et qui sait ? aussi déplaisantes que pourrait l'être une bourrade amicale donnée par erreur à quelqu'un que l'on n'aurait jamais vu...

Trouvez les raccourcis 3

SUPPRIMEZ LES MOTS INUTILES, MAIS RESTEZ CLAIRS

55. Dans les phrases suivantes, supprimez les pléonasmes en barrant ce qui vous paraît inutile. Par exemple, dans «malgré cette opposition, il a néanmoins été élu», vous barreriez *néanmoins*.
1. Il est jeune, mais cependant il a beaucoup de résolution. 2. C'est une honte, voire même un scandale! 3. C'est une école où là les élèves travaillent. 4. Cet achat est donc utile par conséquent. 5. Vous recevrez tardivement notre envoi, car en effet nos expéditions ont été désorganisées par le manque d'emballages. 6. Elle fit scandale à une époque où les femmes étaient alors moins libres qu'aujourd'hui. 7. Moyennant quoi nos bénéfices ont augmenté de ce fait. 8. Tant et si bien que pour finir elle est tombée malade. 9. Quoique malgré tout le prix soit élevé, ce projet paraît intéressant. 10. Au fur et à mesure, nous verrons peu à peu le personnage se préciser.

56. Mettez entre parenthèses les mots ou les membres de phrases inutiles en modifiant légèrement la construction ou la ponctuation s'il y a lieu. Par exemple : «Étant donné qu'il est fatigué, il délaisse ses travaux» pourrait donner : «(Étant donné qu') Il est fatigué : il délaisse ses travaux» ou : «(Étant donné qu'il est) Fatigué, il délaisse ses travaux.»
1. Quoiqu'il soit puissant, il est capable d'humanité.

2. C'est un médicament dangereux parce qu'il est très énergique. 3. Puisqu'il est fatigué, laissez-le dormir. 4. Il a prononcé un de ses meilleurs discours, si ce n'est le meilleur. 5. Bien qu'il soit ridicule, on le traite avec égards! 6. Il a obtenu de meilleurs résultats que je ne l'ai fait. 7. Nous l'aimons comme nous aimerions un frère. 8. La rumeur s'amplifie à tel point qu'elle devient de la diffamation. 9. Elle trouve que tu es stupide de refuser. 10. Figurez-vous une vaste salle qui mesure 6 mètres sur 8.

57. Supprimez, rajoutez, au besoin récrivez les phrases que voici de façon à éviter toute ambiguïté des pronoms personnels :

> - Le début de ce travail a été surveillé par un architecte. *Il* en a tracé les plans, mais *il* a ensuite été pris en charge par l'entrepreneur et *il* n'a pas été capable de suivre ses indications.
> - L'augmentation des tarifs de la S.N. C.F. doit aboutir à une nouvelle montée des prix. *Elle* se produit à une période particulièrement gênante parce qu'*elle* voit le retour en masse des vacanciers.

ÉVITEZ LES MOTS PESANTS OU LES TOURNURES LOURDES

58. Dans chaque phrase, remplacez par un équivalent plus simple les mots soulignés ou faites-en l'économie par une tournure plus légère :
1. *Attendu que* vous avez été souvent absent, nous devons vous faire recommencer le stage au début. 2. J'ai échappé aux balles *vu que* j'étais caché derrière le pilier. 3. *Nonobstant* cette défaillance, nous sommes satisfaits des premiers résultats. 4. Ayant traversé la D. 76 à vive allure, il a *subséquemment* été dans l'impossibilité de marquer le stop à la nationale. 5. Infirmités *en considération desquelles* il a été admis à la Maison de retraite.

59. Parmi toutes les conjonctions ou locutions conjonctives exprimant l'idée de cause (parce que, non que, comme, sous prétexte que, etc...), choisissez celle qui convient et complétez les phrases suivantes :
1. Il me tient à sa merci ... j'ai besoin d'argent. 2. Tu dois le faire, ... tu l'as promis. 3. Elle s'inquiète ... il n'a pas écrit depuis longtemps. 4. Nous voterons le budget ... nous soyons satisfaits de tous ses chapitres, mais ... nous sommes conscients de la gravité de l'heure. 5. ... je vous le dis, vous pouvez me croire. 6. ... ils ont beaucoup de dettes, ils ne partent pas en vacances. 7. ... il a fait froid, sec ou chaud, le prix des légumes augmente. 8. Nous reviendrons ... vous nous y invitez ! 9. Il était furieux ... on ne l'avait pas prévenu à temps.

60. Allégez autant que vous le pouvez l'expression de la comparaison (parfois en modifiant l'ordre des membres de la phrase) ou exprimez la même idée à l'aide d'un adjectif, d'un nom ou d'un adverbe. Par exemple : « Il répétait le même geste de même qu'un automate » pourrait donner : « Il répétait le même geste automatiquement » ou : « Il répétait le même geste, en automate. »
1. Les capitales régionales, telles que Lyon, Bordeaux, Marseille, ont de gros problèmes de circulation. 2. Il reste sans bouger tel qu'une bûche. 3. De même que les charges municipales s'alourdissent, de même les impôts locaux augmentent. 4. Tel qu'il l'a raconté, ainsi je le répète. 5. La brume, telle qu'une écharpe, s'enroulait autour des arbres. 6. Une chanson s'éleva, telle qu'une harmonie céleste. 7. Les enfants se sauvent de l'école, tels qu'une volée d'étourneaux. 8. Il parle avec un débit haché, tel qu'un homme fiévreux. 9. Vos positions ne sont pas telles que les leurs mais s'y opposent. 10. Il a un salaire tel que le mien.

61. Débarrassez les phrases qui suivent de leurs lourdeurs inutiles, au besoin en modifiant totalement leur structure :
1. Ce territoire de par son statut est soumis à une double autorité. 2. Votre déclaration selon quoi il est urgent de vendre m'inquiète. 3. De par sa famille, il appartient à la bourgeoisie. 4. Il a écrit un papier, comme quoi il donnait ses terres à ses enfants. 5. En tout état de cause, il est

difficile de choisir. 6. Nous avons fait des études, selon quoi l'eau se trouve à deux mètres. 7. Ils ont recruté de nouveaux représentants, moyennant quoi ils comptent augmenter les ventes. 8. Il y a là un euphémisme ou, en d'autres termes, un adoucissement de l'expression. 9. J'ai pris une carte d'abonnement, moyennant quoi je fais le trajet plus souvent. 10. Étant donné que le courrier a été longtemps interrompu, nous sommes sans nouvelles.

ESQUIVEZ LES PROPOSITIONS SUBORDONNÉES

62. Substituez un nom à une proposition subordonnée ; par exemple, remplacez « je comprends que vous soyez ennuyé » par « je comprends votre ennui » :
1. Il compte que vous l'appuierez. 2. Je suis convaincu qu'il est innocent. 3. Nous sommes bien conscients que cette affaire est importante. 4. M. X. annonce qu'il se présentera aux élections législatives. 5. Les hommes ne croient plus que les civilisations soient immortelles. 6. Depuis qu'ils ont déménagé, ils ont engagé de grosses dépenses. 7. Il n'y a pas d'amélioration à espérer jusqu'à ce que l'opération ait lieu. 8. Comme les premières notes résonnaient, il se fit un remous dans la salle. 9. Le chef de chantier, quand il a vu ce gâchis, a décidé de faire démolir ce mur. 10. Comme il n'a pas trouvé de garant, il n'a pu obtenir ce prêt.

63. Allégez et abrégez ces phrases en substituant à la subordonnée un nom, un gérondif ou un participe passé. Par exemple, remplacez « Lorsque l'hiver fut venu... » par « L'hiver venu », « Tandis qu'il réfléchissait... » par « En réfléchissant... », « Comme il faisait très sec, les prés jaunissaient » par « La sécheresse faisait jaunir les prés ». Évitez les participes présents, très lourds et massifs.
1. Lorsque le soleil fut revenu, nous sortîmes. 2. A mesure qu'il grandit, il devient plus raisonnable. 3. Comme les prix montent, la taxation est devenue nécessaire. 4. Après que le concert a été terminé, ils sont restés à bavarder. 5. Quand je réfléchis à cette affaire, je trouve que j'ai eu tort. 6. Comme l'inspecteur était présent, l'affaire fut plus facile. 7. Depuis que ce scandale s'est

produit, un certain climat de méfiance s'est établi. 8. Dès que le paquet est arrivé, il a été déballé avec entrain. 9. Avant que l'on ait éprouvé soi-même une émotion, on ne la comprend pas chez les autres. 10. S'il avait été mieux conseillé, il aurait agi autrement.

64. Trouvez un complément ou une apposition qui puissent remplacer les propositions de concession. Par exemple : «Bien qu'il soit intéressant, ce livre présente des lacunes gênantes» peut donner : «Intéressant, ce livre présente cependant des lacunes gênantes.»
1. Quoiqu'étant ancien élève, il ne souhaite pas enseigner dans cette école. 2. Bien qu'il soit ignorant, il a fait son chemin. 3. Quoiqu'elle soit malade, elle est toujours souriante. 4. Encore qu'il soit très âgé, il est resté élégant. 5. Quoique le commissaire n'ait rien promis, il a laissé espérer l'arrestation prochaine du coupable. 6. Pour aussi orgueilleux qu'il soit, il doit baisser la tête. 7. Quelque gentillesse qu'elle montre, il ne faut pas s'y fier. 8. Bien que je ne connaisse pas vos intentions, je vous fais confiance. 10. Si nombreux qu'ils soient, ces arguments ne sont pas décisifs.

65. Substituez aux propositions de but ou de cause un complément de même sens ou modifiez la structure de la phrase de façon à exprimer la même idée en moins de mots. Par exemple : «D'importantes modifications ont été décidées dans l'entreprise, *afin qu'elle devienne plus rentable*» peut donner : «D'importantes modifications *visant à une meilleure rentabilité* ont été...» ou ...«ont été décidées dans l'entreprise *pour augmenter sa rentabilité*».
1. Elle a fait cela pour que sa collègue soit jalouse. 2. Afin que le traitement soit plus efficace, on lui fait prendre des vitamines. 3. Il s'impose du fait qu'il a de la prestance. 4. Pour que votre maison soit confortable, choisissez de bonnes moquettes. 5. Pour que les traites soient moins lourdes, il faut prolonger la durée de l'emprunt. 6. Comme il a une ascendance celte, il est disposé à apprécier la poésie gaélique. 7. Puisque vous êtes résolus, vous pouvez nous aider. 8. Ils ont fait une déclaration commune afin qu'il n'y ait pas d'ambiguïté sur leur position. 9. Il est venu parce que tu le lui as demandé. 10. Elle a réussi parce qu'elle a beaucoup travaillé.

66. Allégez de la même façon les phrases suivantes (5 points). Par exemple : «On sentait quelques-unes de ces odeurs si sucrées qu'elles soulèvent le cœur» peut donner «...de ces odeurs sucrées à soulever le cœur», ou «sucrées au point de soulever le cœur», ou «...de ces odeurs sucrées, capables de soulever le cœur», etc...
1. Les vitres brillent tant qu'elles nous éblouissent. 2. Il est si méchant qu'il déteste tout le monde. 3. La nouvelle était tellement inattendue qu'elle a fait l'effet d'une bombe. 4. Elle a beaucoup de soucis, de telle sorte qu'elle ne peut pas dormir. 5. J'ai pris toutes les précautions de façon que ses intérêts soient sauvegardés.
(5 points) Trouvez 5 façons d'exprimer un lien de conséquence entre les idées contenues dans ces deux phrases :
Elle montre beaucoup de dévouement → Tout le monde l'estime.

UTILISEZ DES TOURNURES RAPIDES

Beaucoup d'idées peuvent être exprimées à l'aide d'un complément à l'infinitif, d'un attribut du complément d'objet ou d'une proposition relative ; mais attention ! le complément à l'infinitif ne convient pas toujours...

67. Parmi les 5 fins de phrases que voici, quelles sont celles qui complètent convenablement chacun de ces débuts :
A : Elle leur a prêté des meubles...
B : Ils lui ont emprunté des meubles...
1 - en attendant qu'ils en achètent.
2 - pour être mieux installés.
3 - avant qu'elle se retire à la campagne.
4 - pour qu'ils soient mieux installés.
5 - en attendant d'en acheter.
Observez pour chaque cas les sujets du verbe principal et du verbe de la proposition subordonnée, ainsi que ceux du verbe principal et du verbe à l'infinitif. Est-ce la même personne qui *prête* et qui *est mieux installée* ? Essayez de dégager la règle qui commande ces emplois.

68. Remplacez les propositions subordonnées, soit par une proposition infinitive (J'entends qu'il pleure → je l'entends pleurer) soit par un attribut du complément d'objet (Vous trouvez que le potage est trop froid? → Vous le trouvez trop froid?) :
1. Je vois jour après jour que tu progresses. 2. Le malade sent que ses forces déclinent. 3. Nous faisons en sorte qu'il prenne son remède à l'heure. 4. Vous entendez comme le vent souffle? 5. On sent qu'il est inquiet. 6. Nous pensons que l'affaire est réglée. 7. Elle sentit qu'elle rougissait. 8. Vous voyez qu'il est épuisé. 9. On devine que la terre est toute proche. 10. Le public a jugé que ce film était sans intérêt.

69. Utilisez des relatives pour exprimer tous les rapports qu'indiquent les phrases suivantes (1 point par phrase), mais *attention à la ponctuation :* « Puisqu'elles dépendent de la municipalité, les cantines fonctionneront vendredi prochain » doit devenir « Les cantines, qui dépendent de la municipalité, fonctionneront... » parce qu'il s'agit d'une relation de cause qui concerne *toutes* les cantines, alors que « Les cantines qui dépendent de la municipalité fonctionneront... » signifierait « *Celles des* cantines *qui* dépendent de la municipalité... » ; la relative déterminerait alors le mot *cantines* sans souligner le rapport causal.
Au contraire, un rapport de temps, de condition, de conséquence ou de but s'exprime dans une proposition relative qui n'est pas séparée de son antécédent par une virgule. Soyez attentifs à chaque cas.
1. Le directeur refusa de nous recevoir parce qu'il était pressé. 2. Lorsqu'il recrute de nouveaux adhérents, un club doit pouvoir les retenir. 3. Si le client n'a pas été bien accueilli, il ne reviendra pas. 4. Si quelqu'un contrevenait à cette réglementation, il serait passible d'une amende. 5. Il souhaite pratiquer un sport tel qu'il développe ses muscles. 6. Bien qu'il soit chaud, le soleil n'est pas accablant.
Corrigez les deux phrases qui suivent (2 points pour chaque correction) :
7-8. Il a les lèvres flasques, d'où sortent des paroles sans suite. 9-10. Un problème important échappe à l'auteur de l'article qui pourtant est de taille.

PROPOSITIONS INDÉPENDANTES
ET PHRASE COMPLEXE

70. Découpez en 5 propositions indépendantes (1 point par proposition) la phrase complexe que voici. Vous pouvez modifier l'ordre des groupes de mots, retrancher ou ajouter certains mots.

Pour que la détente amorcée se confirme, il faudrait que les deux partenaires fassent un certain nombre de concessions et comprennent que, bien que leurs ambitions paraissent opposées, ils n'en sont pas moins étroitement liés l'un à l'autre.

Essayez ensuite de reconstituer, à partir de ces 5 propositions, une seule phrase ayant le même sens que la première mais sans subordonnées (1 point par subordonnée esquivée). Vous pouvez changer l'ordre des éléments.

71. En les utilisant dans l'ordre qui vous conviendra, reconstituez à partir des 5 propositions indépendantes suivantes une phrase qui apporte les mêmes informations et qui soit parfaitement claire *sans comporter de subordonnée* (5 points).

1. Cinq semaines se sont écoulées. 2. Aucune solution n'est intervenue. 3. La situation se durcit de jour en jour. 4. Elle préoccupe les services de la préfecture. 5. Elle les amène à intervenir auprès de l'Inspection du Travail.

Même exercice (5 points) à partir des 5 propositions qui suivent :

1. Nos machines sont de bonne qualité. 2. On apprécie leur robustesse. 3. Mais nos circuits commerciaux sont insuffisants. 4. Cela détourne de nous de nombreux clients. 5. Ceux-ci se tournent vers des firmes allemandes.

Efforcez-vous à l'élégance $\boxed{4}$

VARIEZ LES TOURS

Toute répétition abusive de mot, toute reprise trop fréquente de tournure, toute accumulation de sonorités trop proches risque de rendre un texte monotone et lassant pour le lecteur.

72. Récrivez ce texte de façon à supprimer 5 des nombreux « du, de, des » qui l'émaillent. Veillez à rendre le style à la fois plus concis et plus élégant.
« Le même souci de progression dramatique se marque dans l'enchaînement des scènes de la pièce et se retrouve dans le progrès de la psychologie des personnages du début de la pièce jusqu'à la fin du dernier acte. »

73. Par un travail analogue supprimez 5 des nombreux « dans » que contient ce texte.
« J'ai dans l'idée que, dans cette affaire, son rôle n'est pas clair. Dans toutes les circonstances dans lesquelles je l'ai rencontré il louvoyait et dans cette occasion c'est la même chose. Dans ces conditions, j'ai décidé de ne rien lui dire. Dans le fond c'est plus prudent. »

74. Transformez le texte que voici en variant les tournures de façon à supprimer 5 des propositions introduites par des relatifs.
« Quelle que puisse être la haute opinion qu'il conçoit de lui-même, c'est un auteur dont on lit les écrits dans le journal régional auquel il envoie quelques communiqués qui lui sont mal payés et dans lesquels on taille sans ménagement. »

75. Récrivez les phrases qui suivent en améliorant leur style : cette fois, supprimez 5 des « à, au, aux » que vous rencontrerez dans ces lignes.

« Depuis qu'il a accédé à ce poste, il a renoncé aux provocations. On était habitué à ses excentricités, on hésite à le reconnaître. Il se conforme aux usages et ne cherche plus à faire scandale. Il se met à ressembler à son père au même âge. »

76. N'abusez pas du verbe « être » et surtout évitez de construire plusieurs phrases successives selon le même schéma grammatical. Récrivez le petit texte que voici et rendez-le moins ennuyeux et plus lisible en supprimant 5 « est ».

« Mon frère est ici depuis hier. Il est accablé de soucis : il est sans travail, son fils est malade, sa femme est déprimée. Il est terriblement sombre. »

77. Pour briser la succession désagréable de phrases de même longueur et de construction semblable, vous pouvez transformer une proposition indépendante en subordonnée, raccourcir une phrase, en allonger une autre. Proposez 5 modifications de ce type pour le texte qui suit.

« La locomotive ralentit son allure. La vitesse tombe peu à peu. Les voyageurs rassemblent leurs paquets. Frédéric met son manteau. Une dame a perdu son enfant. Le train s'immobilise à quai. »

78. Proposez également 5 modifications qui introduisent de la variété dans le texte suivant.

« L'Afrique est un des cinq continents. C'est une presqu'île triangulaire. Elle est trois fois plus étendue que l'Europe. Elle recèle d'importantes ressources minières. Elle a une faune et une flore très intéressantes. »

79. Trouvez de même cinq modifications qui rendent cet autre fragment plus varié et plus agréable à lire.

« Il est possible de s'opposer à cette opinion et nous la réfuterons en soutenant qu'elle est rarement vérifiée et que plus souvent l'expérience courante la dément et la contredit, et je prendrai pour commencer un exemple banal. »

80. Les reprises de sonorités, très utilisées par les poètes, peuvent produire un effet désagréable dans un texte de prose. Récrivez les phrases qui suivent de façon à varier les sonorités aussi bien que les tournures.

1. Au demeurant, c'est confondant !
2. Préparez-vous peu à peu, par paliers progressifs, à pratiquer ce sport.
3. Dans la journée qui a suivi, nous avons appris, par de bons amis, qu'il était parti.
4. Nous avons eu dernièrement une grosse déception : Pierre a eu des difficultés avec son administration, du coup le directeur lui a refusé sa caution et nous ne pouvons pas obtenir le prêt pour la maison.
5. Si vous le permettez, je voudrais développer, dans un premier volet, les qualités privées de l'heureux intéressé, puis souligner les capacités que nous avons pu observer alors qu'il exerçait son métier dans notre cité.

ÉVITEZ LES A-COUPS

Une tournure trop resserrée peut être désagréable, même si le sens est clair, pour peu qu'elle déséquilibre sans nécessité la phrase. La coordination d'éléments de nature différente, la mise en facteur commun d'une préposition pour deux compléments ou d'un complément pour deux verbes peuvent donner au style un caractère irrégulier et heurté.

81. Corrigez ce type d'erreur en allongeant le moins possible chaque phrase. Par exemple, substituez à «Ils le décrivent comme génial et l'expert incontesté dans sa spécialité» une phrase qui évite la coordination d'un adjectif et d'un substantif tout en esquivant la répétition de *comme :* «Ils le décrivent comme un génie, expert incontesté dans sa spécialité.»

1. Pour lui la mort ne sera pas dégradante mais l'aboutissement de toute sa vie. 2. Il comprend bien l'affaire et qu'il n'aura pas raison. 3. Son insolence et qu'il ose

ricaner les a beaucoup choqués. 4. Je le connais et sa famille aussi. 5. Si on réfléchit et dans le fond, on voit qu'il a raison. 6. Ils t'envoient leurs amitiés et à nous tous. 7. Chez le personnage et le décor on trouve la même tristesse. 8. Il s'en charge et occupe activement. 9. Pour moi et pour diverses occasions elle a été extrêmement gentille. 10. Comptez sur la compréhension des collègues et de nous.

82. Attention aux phrases qui tournent court et auxquelles une fin abrupte donne une apparence tronquée ! Les phrases qui suivent sont de cette sorte ; corrigez-les en leur ajoutant quelques mots ou en modifiant l'ordre des termes.
1. Il montre dans toutes les entreprises auxquelles il se consacre son énergie. 2. Nous vous prions de noter que, depuis le 7 juin, notre adresse téléphonique, du fait de l'installation de lignes groupées, est changée. 3. Le héros est alors, sur la foi de témoignages qui paraissent accablants mais qui sont en fait dictés par l'intérêt le plus sordide, accusé. 4. C'est un homme très intelligent, d'une énergie extraordinaire et bon. 5. Dès lors, à travers les pires épreuves, elle consacre toute son énergie à cela. 6. Promis aux plus hautes destinées s'il sait s'entourer de collaborateurs dévoués, il végétera sinon. 7. Il est scandaleux que l'on puisse, sur des questions qui demandent une si totale et rigoureuse précision, hésiter. 8. Nous admirons depuis notre enfance les œuvres de nos grands poètes, Lamartine, Vigny, Hugo, qui présentent un intérêt. 9. Elle aime beaucoup les beaux meubles, les expositions de peintures, les magasins d'antiquités, et tout ça. 10. Comme élément de formation un apprentissage sérieux auprès d'un patron expérimenté, avec beaucoup de pratique et des conseils détaillés et précis, est valable.

83. Récrivez ces 5 phrases de façon à atténuer ou à rendre plus acceptable l'impression de brusque retombée qu'elles donnent. Par exemple : « Cet ensemble souple, à jupe évasée et à veste courte appuyant à peine sur les hanches, plaît» pourrait donner : «Cet ensemble souple, à jupe évasée et à veste courte appuyant à peine sur les hanches, plaît infiniment», ou : «Cet ensemble souple, à jupe évasée et à veste courte appuyant à peine sur les hanches, voilà ce qui plaît!»

1. Ce poème, avec toute la musicalité de ses rimes et de ses nombreuses allitérations ainsi que l'intensité de mélancolie qui s'en dégage, est beau.

2. Nous vous enverrons la facture, que nous avons dû retenir parce que nous n'avons pas encore connaissance du prix actuel de la laine de verre, sous peu.

3. Il est si égoïste et si habile que des choses absolument indifférentes en apparence et qui ne le concernent même pas, les projets d'amis très éloignés, les relations de connaissances lointaines et qu'il n'a pas vues depuis très longtemps, lui servent.

4. Le développement de la technologie et des techniques, avec tous les risques d'accidents et de pollution de diverses sortes qu'il implique, inquiète.

5. Prétendre que tout le personnel ayant une qualification professionnelle valable pourra retrouver un travail et un salaire du même niveau que ceux du poste précédemment occupé, est faux.

84. Ajoutez «ne», à la place indiquée par les pointillés, partout où sa présence vous semble utile au point de vue de l'élégance; ajoutez-le et soulignez-le lorsque son emploi vous paraît indispensable du point de vue de la correction.

1. Je redoute qu'il ... intervienne. 2. Nous ne craignons pas qu'il ... nous gêne. 3. Il y a dix jours que je ... l'ai vu (attention au sens! la phrase signifie : «je ne l'ai pas vu pendant ces dix derniers jours»). 4. La hausse des prix empêche que la consommation ... augmente. 5. Ils ne peuvent rien faire qu'on ... les critique. 6. Avant de signer, prenons garde que l'affaire ... soit rentable. 7. Prenez garde qu'on ... vous accuse. 8. Va-t-il mieux ? Pas que je ... sache. 9. Fuyez! que je ... vous accomme! 10. Il est plus riche que je ... le suis.

85. Le désir d'éviter un style heurté doit s'associer au souci de variété (dont nous parlions précédemment) en particulier pour donner à un texte un mouvement d'enchaînement. Des phrases sèches, posées l'une à côté de l'autre sans lien, «cassent» le rythme et brisent l'attention.

Proposez cinq modifications qui donnent un rythme plus continu et plus allègre au texte que voici :

«J'ai appris que votre santé s'améliore. Je m'en réjouis. Que votre rétablissement soit bientôt complet! Votre séjour à la montagne le facilitera. Je viendrai vous voir là-bas.»

86. Un texte mieux lié paraît souvent plus cohérent : la dernière ligne n'est pas seulement celle qui vient en dernier lieu, mais celle à laquelle le texte *aboutit*.

Proposez 5 modifications qui améliorent la note suivante du triple point de vue de la concision, de la clarté et de l'enchaînement :

«L'atelier R 2 a pris de gros retards. Il s'agit de l'atelier chargé du conditionnement. Le nombre des employés est suffisant. Il est composé de 8 ouvriers et d'un contremaître. Celui-ci a une querelle personnelle avec un des ouvriers. Celui-ci s'oppose délibérément à tous les ordres et devrait être muté dans un autre atelier.

TROUVEZ LE TON JUSTE

On écrit toujours avec l'intention ou la perspective d'être lu, c'est dire que l'on écrit toujours *à* ou *pour* quelqu'un. Le ton n'est pas évidemment le même selon le lecteur envisagé, mais certains principes sont à peu près constamment valables.

Pas de brutalité

a. Respectez les formes. Chaque genre a ses lois, ses règles ; observez-les.

L'en-tête d'un texte écrit doit toujours comporter :
- la date (en toutes lettres de préférence),
- le nom (et éventuellement la fonction et le poste, ou l'adresse personnelle) du rédacteur,
- l'indication du destinataire : par exemple, une lettre ou un rapport professionnels porteront en-tête «à Mon-

sieur le Directeur du Personnel» et la lettre commencera, quelques lignes plus bas, par :

«Monsieur le Directeur...»

Une lettre personnelle commencera tout simplement par : «Cher X...» ou «Cher Monsieur...»

A ces trois éléments s'ajoute souvent la désignation du contenu (pour un devoir, un mémoire ou un rapport, c'est le titre. Pour une lettre professionnelle, c'est la brève formule précédée par le mot «objet» que l'on trouve à gauche, dans la marge, un peu au-dessus de la première ligne de texte) et, s'il y a lieu, la liste des pièces jointes.

Les dernières phrases d'un texte doivent être rédigées avec un soin particulier puisqu'elles constituent la conclusion et donnent au lecteur une dernière impression qui peut être prédominante. De même la formule finale d'une lettre doit être choisie avec beaucoup d'attention.

87. Corrigez 5 erreurs dans ces formules d'en-tête ou de salutations :

1. «Monsieur D., dessinateur industriel,

au directeur des services financiers.

«Objet» : Je voudrais bien faire reporter le paiement de certaines heures supplémentaires sur l'année prochaine pour payer moins d'impôts.

Vous voyez, Monsieur ce qui m'amène...»

2. (Monsieur R. au surveillant général du C.E.S. de son fils).

«Bonjour, Monsieur. Je voudrais savoir pourquoi mon fils Jacques a été retenu, avant-hier, 5 avril».

3. «Cher Monsieur le Ministre,

Je crois réunir toutes les qualités requises pour être inscrit sur la liste d'aptitude aux fonctions de ...»

4. En vous remerciant encore, croyez, Monsieur, à mes bien sincères salutations.

5. Je vous prie d'accepter, Monsieur, mes respectueux hommages.

b. L'ordre persuasif. L'effort pour varier les tours et pour bien enchaîner les phrases nous a déjà fait sentir la force persuasive que peut avoir l'ordre des éléments dans un texte.

88. Voici une note de service extrêmement cassante et revêche. Améliorez-la en apportant 3 modifications à la construction ou à l'ordre des phrases et en ajoutant 2 suggestions aimables... Si l'on est en position d'autorité, il faut *aussi* savoir faire accepter ses ordres.

«Des travaux importants de peinture vont commencer lundi matin. Les employés des bureaux 6 et 7 devront passer par l'entrée latérale : le couloir axial sera fermé à partir de cette date.»

c. *Des égards pour le lecteur...* Outre le respect des formes, dont nous avons déjà parlé, il ne faut pas oublier parmi les égards dus au lecteur :

- une bonne présentation : papier net, écriture lisible, marge suffisante, disposition aérée, orthographe et rédaction correctes (voir ch. 1 et 2),

- une formulation mesurée qui sache parfois atténuer la pensée à l'aide d'un conditionnel ou d'une formule comme «il me semble que...».

89. Voici 5 phrases excessives. Récrivez-les plus adroitement !

1. Votre rapport ne vaut rien. La dernière partie est complètement à refaire. 2. (Extrait d'un devoir de littérature.) «Chateaubriand est un auteur minable, un aristocrate puant tout juste bon à tartiner un paysage à grand renfort d'adjectifs.» 3. Le marché que vous nous proposez est un marché de dupes ; notre budget ne nous permet pas une bêtise de ce genre. 4. (Extrait d'un devoir de littérature.) «Mallarmé, j'adore. C'est formidable.» 5. Cet enfant est paresseux. Il ne passe pas dans la classe supérieure et ne fera jamais rien de bon (bulletin scolaire).

- Enfin, si le courrier, les notes et les rapports professionnels doivent aller droit à l'essentiel, les lettres personnelles soigneusement rédigées et les rédactions littéraires ménagent au lecteur une présentation progressive du sujet.

90. Critiquez et corrigez les 5 débuts que voici :

1. Monsieur, je vous remercie de nous avoir procuré cet appartement. 2. Chère Madame, je vous écris ce mot pour vous annoncer le prochain mariage de mon fils. 3. Ma-

dame, avant de partir en vacances, je vous écris pour vous communiquer les notes que vous nous aviez demandées. 4. (Premiers mots d'un devoir qui devait discuter une réflexion de F. Mauriac sur le roman.) « François Mauriac a bien raison de dire ça. » 5. (Autre début, sur le même sujet.) « L'idée de Mauriac sur le roman est une idée intéressante. »

Pas d'excès de grâce

a. Exagération et style fleuri.

91. Récrivez le fragment d'introduction suivant en lui apportant 5 modifications qui le rendront plus simple et moins naïvement maladroit :
Victor Hugo, le fameux poète qui vécut en plein pendant la grandiose période romantique, au XIX⁰ siècle, et dont nous connaissons tous les œuvres admirables, a écrit dans son magnifique roman *Notre-Dame de Paris* la splendide description que nous allons essayer de commenter.

b. Images, métaphores, comparaisons. L'expression imagée de notre pensée facilite souvent la communication avec autrui. Les comparaisons (introduites par un terme comparatif : « tel que », « comme », « ainsi que ») ou les métaphores (comparaisons sous-entendues : par exemple, « un léger voile de brume » = la brume est légère et fine comme une étoffe très délicate, le voile) nous permettent de rendre mieux sensible notre pensée.

92. Relevez 5 comparaisons ou métaphores dans ce passage extrait des *Mémoires d'Outre-Tombe* de Chateaubriand (III⁰ partie, livre XIX, éd. Pléiade, t. I, p. 667) : « La jeunesse est une chose charmante ; elle part au commencement de la vie couronnée de fleurs comme la flotte athénienne pour aller conquérir la Sicile et les délicieuses campagnes d'Enna. La prière est dite à haute voix par le prêtre de Neptune ; les libations sont faites avec des coupes d'or ; la foule, bordant la mer, unit ses invocations à celle du pilote ; le péan est chanté tandis que la voile se déploie aux rayons et au souffle de l'aurore. »

93. En prenant pour modèle ce texte, décrivez l'élan de la jeunesse en empruntant 5 comparaisons ou métaphores à un départ dont vous avez pu être témoin dans la vie contemporaine.

Attention! Veillez à la *cohérence* des images de votre texte. Un orateur a célébré «cette terre où la main de l'homme n'a jamais mis le pied» ... Il convient de se méfier!

c. Clichés et formules stéréotypées. Lorsqu'on veut embellir un texte, la tentation est grande de lui ajouter des ornements tout préparés : un mot entraîne l'autre et l'on tombe dans ces associations de mots tout à fait banales qu'on appelle des clichés, du type «le lourd rideau de la pluie», «les lâches agresseurs» ou «une promotion bien méritée».

94. Supposons qu'un ami vous écrive pour vous annoncer la visite d'un homme sympathique qu'il veut vous faire connaître, le docteur Espalion; il vous le présente en ces termes :
«Le docteur Espalion est installé dans notre ville depuis dix ans. Il est compétent et dévoué. Cet hiver, il a sauvé un vieillard qui s'était trouvé mal sur le trottoir, dans la neige, au coin de la rue de la Fontaine» ...

Transformez et transposez ce texte en lui ajoutant 10 stéréotypes : vous obtiendrez un texte prétentieux à la gloire de notre personnage.

95. Ajoutez 5 stéréotypes au bref communiqué suivant :
«Nos soldats tiendront! En risquant leur vie, ils protègent les populations civiles contre nos ennemis.»

Une gamme de tons

Un premier choix s'impose entre **le ton objectif** (compte rendu, rapport, procès-verbal, correspondance professionnelle) et **le ton subjectif** de textes plus littéraires ou plus personnels (correspondance privée par exemple).

96. Voici un témoignage écrit, rédigé à la suite d'un accident. En lui apportant 5 modifications, donnez-lui le caractère d'un récit fait par lettre à un ami :
«J'étais sur le trottoir au carrefour de la rue X et du boulevard Y. J'attendais pour traverser que le passage soit donné aux piétons, lorsqu'une voiture, venant du boule-

vard, a freiné brutalement et est montée sur le trottoir à 3 mètres de moi. J'ai couru me réfugier avec d'autres passants dans l'entrée de l'Agence Bred qui se trouve au n° 117. La voiture s'est arrêtée contre le lampadaire, juste avant les feux de signalisation.»

97. Inversement trouvez 10 modifications qui permettent de transformer cet extrait de lettre amicale en rapport de fin de stage :

«Voilà le stage terminé, et très bien terminé, avec jusqu'au bout un temps parfaitement dosé : 8 jours de grand beau, 2 de grisaille, 4 de pluie ; sur les 14 jours de séjour ce n'est pas mal d'autant que le mauvais temps s'est présenté régulièrement, à peu près tous les 3 jours, comme pour permettre les conférences-débats sur le milieu que nous avions prévues. Nous avons pu faire quatre ascensions, très réussies, ma foi ! sous un ciel sans nuage et pour le reste du temps nous avons espionné des marmottes, cueilli des campanules, bref la faune et la flore des alentours du chalet n'ont plus de secret pour nous !...»

Après avoir discerné les circonstances où l'on peut faire intervenir dans le texte ses réactions personnelles dans leur spontanéité concrète et celles où il vaut mieux garder une certaine réserve, après avoir évalué le niveau de langue qui convient à la situation (voir chap. 2), il faut choisir le ton qui sera le mieux accepté par le ou les lecteurs, et qui rendra par conséquent plus facile la communication avec eux - ton amical, pressant, déférent, selon les circonstances et selon les sentiments que vous éprouvez à l'égard des destinataires. Votre tact personnel doit vous guider. Mais certaines nuances sont particulièrement difficiles à exprimer dans un texte.

Le ton enjoué atteste une certaine complicité amicale entre le lecteur et le rédacteur ; celui-ci se présente dans le texte sous un jour légèrement critique et humoristique, il feint la naïveté, le sérieux ou l'indignation de façon à faire sourire son lecteur.

98. Reprenez le texte de l'exercice 97 et relevez dans cet extrait de lettre 5 manifestations d'enjouement badin.

99. Transposez vous-même sur le ton badin cet extrait de lettre en y apportant 5 modifications :

« On a fêté aujourd'hui mon anniversaire parce que je dois entrer à l'hôpital demain : on va m'enlever le kyste que j'ai sur l'épaule gauche. J'en serai débarrassé quand nous nous retrouverons dans quinze jours sur la plage. »

Bien entendu, vous n'aurez pas l'idée d'employer ce ton de bonne humeur narquoise si votre lecteur est frappé par quelque malheur ou si vous-même éprouvez un grand chagrin, pas davantage lorsqu'il importe (examens, vie professionnelle) que vous donniez une impression de sérieux.

Le ton d'ironie a souvent moins de gentillesse et de gaieté. Il consiste en général à dire le contraire de ce que l'on veut faire entendre et comporte une vivacité critique qui peut aller parfois jusqu'à la férocité la plus cinglante.

100. Dans le *Tartuffe* de Molière (Acte II, sc. 3), Dorine, la servante, encourage la jeune Mariane à refuser d'épouser Tartuffe, que son père prétend lui imposer pour mari, en décrivant ainsi les joies que laisse espérer un tel mariage :
« Non, il faut qu'une fille obéisse à son père,
Voulût-il lui donner un singe pour époux.
Votre sort est fort beau, de quoi vous plaignez-vous ?
Vous irez par le coche en sa petite ville,
Qu'en oncles et cousins vous trouverez fertile,
Et vous vous plairez fort à les entretenir.
D'abord chez le beau monde on vous fera venir ;
Vous irez visiter, pour votre bienvenue,
Madame la baillive[1] et Madame l'élue[1]... »

1. Épouses du Bailli et de l'Élu, magistrats provinciaux.

Relevez 5 traits d'ironie dans ce passage.

101. Trouvez 5 traits d'ironie dans cet extrait du *Canard enchaîné* du 16 mars 1977 (p. 2) :
« Pas de veine, Françoise ! Elle n'avait rien négligé, pourtant, pour séduire les électeurs du XVe. Affichage colossal ; envoi aux inscrits du dernier numéro de *l'Express,* soit un paquet de 75 000 exemplaires que la pauvrette dit avoir payés de sa poche, un numéro orné de sa photo et du superbe morceau de bravoure sur le XVe arrondissement signé d'Albert du Roy. »

102. Un conseil municipal a décidé le 17 juin de fermer un terrain de camping de niveau modeste pour permettre l'extension des terrains du Tennis Club voisin, déjà très luxueusement installé.

A partir de cette information, rédigez un fragment d'article comportant 5 traits d'ironie.

Le ton oratoire, que l'on recherche généralement dans les discours, naît de la volonté de donner une importance et un éclat publics au sujet traité. Il se marque souvent par des phrases assez amples, constituées de trois membres croissants ou décroissants, rythmées par le retour de certaines tournures, de certains mots, animées par des exclamations ou par des interrogations pour lesquelles on n'attend pas de réponse. Le ton oratoire doit être justifié par les circonstances et correspondre à une certaine conviction du rédacteur, faute de quoi le texte risque fort de paraître artificiel et pompeux.

103. Relevez dans l'extrait suivant du « Sermon sur la mort » de Bossuet 5 traits de style oratoire :
« L'homme a presque changé la face du monde ; il a su dompter par l'esprit les animaux qui le surmontaient par la force ; il a su discipliner leur humeur brutale et contraindre leur liberté indocile ; il a même fléchi par adresse les créatures inanimées. La terre n'a-t-elle pas été forcée par son industrie à lui donner des aliments plus convenables, les plantes à corriger en sa faveur leur aigreur sauvage, les venins même à se tourner en remèdes pour l'amour de lui ? »

104. Reprenez le texte de l'exercice 94 et transformez-le en un fragment de discours élogieux. Vous devez ajouter au texte 5 traits oratoires, mais attention ! pas de clichés...

105. Reprenez le texte de l'exercice 92 et, en vous aidant des impressions que vous suggère le texte de Chateaubriand, célébrez en quelques phrases l'élan radieux de la jeunesse. Votre texte devra comporter 5 traits oratoires.

Au total, la variété des tours, l'enchaînement bien ménagé entre les phrases, la justesse du ton, sont des éléments qui concourent à l'élégance du style dans la mesure où ils s'associent à la simplicité.

106. Voici quelques lignes d'un article humoristique concernant les panneaux implantés à Paris pour indiquer plan, directions et itinéraires. Traduisez ce texte dans un langage plus simple en lui apportant 5 modifications :
« Je décidai d'éclairer ma lanterne auprès du sociologue Hubert M... :
« Il est indubitable que le développement de ces signaux confirme ma thèse sur la désacralisation du vécu quotidien dans la civilisation occidentale.
— J'ai du mal à vous suivre...
— Oui, toute ville doit comporter une part de mystère qui enrichit cet amas artificiel de pierres et le rapproche de l'insondable complexité de la nature. C'est à travers la conquête de l'inconnu dans lequel il baigne que l'homme peut progresser et se dépasser. Pour un Parisien de naissance ou d'adoption, l'apprentissage des rues est un parcours initiatique qui permet de sélectionner les plus aptes à contrôler le devenir de notre civilisation. Ceux qui, ayant échoué, ont trouvé en banlieue une place qui leur convient mieux, ne doivent pas pouvoir lire triomphalement la cité comme s'ils appartenaient à l'élite initiée[1]. »

1. J.-J. Adam, « Qui a brûlé les panneaux de J.-C. Decaux ? », dans *Le Monde*, 3-4 juillet 1977, p. 15.

107. Proposez 10 modifications qui permettent d'améliorer ce texte dans le sens de **la clarté** et de **la simplicité** :
« Ce que nous remarquons dans ce texte, c'est surtout ce développement très rigoureux d'une pensée logique qui tout d'abord s'appuie sur la confrontation d'arguments contradictoires, mais ensuite sur des exemples. Toutefois la première phrase nous surprend, mais l'auteur nous donne à entendre que cette affirmation n'est que provisoire. Mais il va la modifier ensuite en précisant qu'il s'agit, non d'une opinion personnelle, mais d'une adhésion tactique aux opinions courantes. »

108. En guise de révision, cherchez et corrigez dans ce texte 2 fautes de ponctuation, 2 d'accentuation, 2 de grammaire, 3 de temps, 3 répétitions, 3 tournures familières et 5 expressions lourdes ou maladroites ; en tout, vous devez proposer 20 modifications :

« Notre temps aurait-il de quelque façon moins de dignité que les époques passées ? La satyre des hommes de notre époque avait-elle moins de portée morale que celle de ceux de l'époque de Louis XIV ? Pourquoi ne permettrait-elle pas, de même qu'elle avait critiqué leurs mœurs, de la même façon de démytifier les nôtres. Celà n'aura, il me semble rien d'étonnant. D'ailleurs nous trouvons des fois, chez les classiques, des idées extrêmement modernes et nous pouvons, en tirer parti, mais d'autre part, si nous réfléchissons, on voit que les œuvres actuelles sont très riches rapport aux idées et que nous pouvons nous y intéresser et passionner avec un profit non moins grand. »

109. Voici quelques phrases d'un article consacré aux peintures préhistoriques de la grotte de Lascaux en Dordogne. Sans compter les modifications que vous lui apporterez, ni chercher à évaluer par une note le résultat de vos efforts, vous pouvez maintenant récrire ce texte de façon à le rendre lisible par des lecteurs de 12 ou 13 ans. Cherchez à être clair et simple.

« En tout état de cause, devant l'étalage varié des propositions conceptuelles offertes par les uns et les autres en vue d'interprétations « imaginatives » ou, au contraire, fondées sur un remarquable inventaire tant des signes que des figures, à l'aide d'un fichier permettant de construire un système de lecture selon l'emplacement des figures et des signes qui leur sont accolés /.../, mais, avant tout, devant le saisissement global d'un tel spectacle, celui qui n'a de cesse de contempler d'un regard aigu les choses de l'art et les rapports qui les régissent ne peut que rechercher et retrouver les constantes objectives transmises d'une période à l'autre dans la création artistique[1]. »

1. Pierre Granville, « Songe de Lascaux », *Le Monde,* 23 août 1974, p. 13.

Suggestions pour continuer cet entraînement

Nous voici parvenus au terme de ces exercices de style. Même si vous les avez faits avec beaucoup de conscience et de méthode, vous sentez bien que tout n'est pas résolu pour autant : vous aurez encore des inquiétudes, des incertitudes, des difficultés. Mais vous avez déjà sans aucun doute fait quelques progrès. Vous avez à tout le moins pris conscience du caractère impératif de certaines règles, des possibilités de concision ou de nuances que comportent certaines constructions. Je pense aussi que vous vous êtes rendu compte - ce qui est essentiel - que bien écrire suppose une constante vigilance.

C'est une vigilance apparemment négative qui cherche à éviter les écueils nombreux, les fautes de toutes sortes, mais aussi une vigilance très positive qui recherche activement l'équilibre de la phrase, la netteté, l'élégance vive et leste.

Il faudrait, bien entendu, continuer l'entraînement commencé avec ce livret et le prolonger au-delà des limites nécessairement étroites de 80 pages. A cette fin, voici quelques suggestions :
- comme lecteur, prêtez davantage attention au style. Quand un texte vous paraît bien écrit, observez-le de près, demandez-vous comment il est fait (vocabulaire, tournures, enchaînement, ton);
- écrivez vous-même le plus possible ; inventez-vous des occasions de prendre la plume : quand vous êtes témoin d'une scène curieuse ou frappante, décrivez-la en un bref paragraphe ; quand vous avez lu un texte ou vu un spectacle intéressant, essayez d'exprimer en quelques lignes la raison de l'intérêt que vous y avez pris et analysez l'impression que vous en retirez. Gardez soigneusement ces menus essais. Reprenez-les après quelques jours, lisez-les à haute voix, pour mieux en sentir le rythme et les sonorités, et soumettez-les à une sévère critique. Si vous êtes persévérant, vous pourrez, en confrontant des textes de dates éloignées, prendre conscience d'une évolution réconfortante.

Ainsi, lecteur attentif et rédacteur exigeant, vous continuerez pour vous-même le travail de style que nous avons commencé ensemble. Choisir un mot, trouver une tournure concise et nette, chercher un rythme de phrase heureux, c'est un travail qui comporte en lui-même sa récompense. Dans cet effort, si modeste qu'il soit, vous trouverez bien des plaisirs, celui de mieux apprécier les subtilités et les richesses de notre langue, celui d'exprimer plus exactement ce que vous voulez dire, celui enfin de créer vous-même un texte - en somme, le plaisir d'écrire.

Corrigés des exercices

Traquez les fautes

1. *Il ne* faut pas s'en faire : *c'est* la devise des insouciants. - Ils se méfient des jeunes *gens : c'est* incroyable ! - Combien *coûte* le kilo de pêches ? *C'est* abusif ! *Il n'est* pas question *d'en acheter.* - *Faites* attention ! ici *il y a* une marche.

2. *Ils ne sont* pas faciles, les voisins ! Mais *il* faut tout de même essayer de s'entendre avec *eux. Il n'y a* pas de problème avec le vieux *monsieur* du second *étage : c'est* un brave homme. Au contraire la petite *dame* qui est locataire du deux-pièces sur la rue est très désagréable : en premier *lieu* elle fait beaucoup de bruit, et deuxièmement elle *ne* parle à personne.

3. 1. Nous traversons avec beaucoup de difficultés la zone forestière ; *celle-ci,* toute bruissante d'insectes, crépite de mille petits bruits. 2. On opte enfin pour la solution suivante, tenant compte des intérêts de chacun ; *celle-ci* satisfait à peu près tout le monde. 3. On remarquait parmi les passants des gens ternes, terreux, épuisés, aux visages hâves, aux vêtements misérables ; *ils* suscitaient la pitié (« ceux-ci » renverrait à « vêtements » et ne convient donc pas). 4. Le moteur, qui commençait à chauffer, accusait durement chaque ressaut nouveau ; *cela* lui imposait un nouvel effort. 5. Les consommateurs réagissent vivement à l'annonce des augmentations ; *celles-ci* sont prévues pour la rentrée.

4. 1. ... la zone forestière, *qui,* toute bruissante d'insectes, crépite... 2. ... la solution suivante, tenant compte des intérêts de chacun *et qui* satisfait à peu près tout le monde. 3. ... des gens ternes... aux vêtements misérables *et qui* suscitaient la pitié. 4. Le moteur... accusait durement chaque ressaut nouveau *qui* lui imposait un nouvel effort. 5. Les consommateurs réagissent vivement à l'annonce des augmentations *qui* sont prévues pour la rentrée.

5. C'est le prix du voyage *qui* m'inquiète. L'agence *que* j'ai consultée... L'ami *à qui* j'avais demandé de m'accompagner... C'est le garçon *dont* je vous avais parlé. Le groupe au projet *duquel* je m'associe part le 28 juillet. Le voyage *qu'*ils ont prévu... j'esquiverai les étapes *qui* ne m'intéressent pas et j'éviterai des frais *dont* le montant excède mes possibilités. C'est une chose *à laquelle* il faut faire attention. L'hôtel aux prospectus *duquel* je me suis intéressé est un hôtel assez modeste.

6. Nous avons le plaisir de vous annoncer / *que* (conj. de subord.) *le matériel* / que vous nous avez commandé / *sera livré prochainement.* **3 prop.** Si (conj. de sub.) vous ne le recevez pas avant la fin de la semaine / avisez-nous du retard / afin que (conj. de sub.) nous puissions y remédier. **3 prop.** («de vous annoncer» n'est pas une prop. infinitive puisque l'infinitif n'a pas de sujet propre). Nous ferons de notre mieux / pour que (conj. de sub.) vous soyez totalement satisfaits, car (conj. de coordination) nous souhaitons mériter la confiance / que vous nous avez toujours témoignée. **4 prop.**

7. Il s'est donné beaucoup de mal *pour que* la fête soit réussie (ou «afin que»). 2. C'est *parce que* ce travail est pénible que... 3. Elle a abusé de ses forces *de telle sorte qu'*elle est tombée malade... (ou «si bien que», «à tel point que»). 4. *Quoiqu'*ils aient essuyé plusieurs... (ou «bien que»; mais non «malgré que» qui n'est correct que dans l'expression «malgré qu'il en ait» où *malgré* s'écrivait primitivement *mal gré* et qui signifie «quelque mauvaise volonté qu'il y mette»). 5. *Après que* le cirque est parti,... (Il faut toujours l'indicatif après «après que»; on pourrait aussi avoir ici : «lorsque», «dès que», «aussitôt que».) 6. On a reconnu *que* l'erreur ne venait pas de là. 7. Vous avez raison de protester *si* vous êtes témoin... (ou «lorsque», «toutes les fois que», ou même «car», «puisque»). 8. Personne ne vous croira plus *si* vous mentez (ou «puisque»). 9. Faites *que* tout soit prêt à temps (ou «en sorte que»). 10. *Puisque* vous insistez si gentiment, j'accepte (ou «si»).

8. Le matin suivant se leva sans un nuage : «Sortons», dit-il à son ami, «nous verrons probablement un spectacle qui nous réjouira le cœur et l'esprit.»
5 virgules *fautives* sont supprimées (1 entre sujet et verbe, 1 entre article et nom, 2 entre verbe et complément, 1 entre antécédent et relative déterminative). Les 5 autres modifications ou ajouts se conforment à la construction et au sens. N.B. : les

guillemets après *sortons* et avant *nous verrons* peuvent être supprimés puisque l'incise est brève : on aurait alors une virg. après *sortons* et une virg. au lieu d'un point-virgule après *ami*.

9. L'aménagement et les conditions d'exploitation de bon nombre de zoos privés constituent un scandale. Aux yeux de beaucoup de visiteurs, les accidents récents sont dus à la fatalité, mais leur gravité, révèle une enquête plus critique, permet d'incriminer l'autorité publique : sa négligence - ou sa complaisance - n'est-elle pas responsable, en dernière analyse, de ces morts affreusement dramatiques ? On peut se le demander.

10. Interviewé à France Inter, le ministre a été très net en affirmant : « Les ventes d'armes, qui ne concernaient d'ailleurs que du matériel de défense, sont arrêtées depuis quelque temps. » De ces propos, il ressort que les protestations actuelles n'auraient aucun fondement, mais résulteraient d'une propagande mensongère.

11. Une piqûre, la maturité, une voix aiguë, il paraît, vous paraissez.

12. - La colère voila son regard : *voilà* deux heures que j'attends !
- Il cela soigneusement ses antécédents ; *cela* est déloyal.
- Il écrivit « pour acquit » et signa... ; il avait *acquis* une fortune.
- Il arriva en temps voulu ; *en tant que* président...
- L'argent lui est dû, mais les prestations en nature ne lui sont pas *dues*. (Il n'y a un accent circonflexe que sur le part. pas. masculin singulier, pour le distinguer de l'article contracté *du*.)

13. Il est depuis longtemps l'élève d'un maître exaspérant mais efficace, à côté de qui il a, a priori, toutes chances de progresser à condition qu'il observe étroitement ses préceptes. (Pas d'accent sur le *e* en français devant un d, r, f ou z finals ni, dans le mot, devant le *x* ou deux consonnes sauf si la 2e est un *l* ou un *r* : *église, écrou;* pas d'accent dans les expressions latines comme *a priori, a posteriori*.)

14.

80 = quatre-vingts	Précédés d'un adj. numéral qui
81 = quatre-vingt-un	les multiplie, *vingt* et *cent* prennent
500 = cinq cents	un s *s'ils ne sont pas suivis d'un*
505 = cinq cent cinq	*autre adj. numéral.* Mais actuellement on tolère le s en tous cas.
8 000 = huit mille	*Mille,* adjectif numéral, est invariable.

15. Le lan*g*age de la p*s*ychana*ly*se... *L'absen*ce de compé*ten*ce... parler de frust*ra*tion... L'obses*s*ion de l'heure... se *lit* de façon évidente... La r*hé*torique est d'abord un art de bien dire.

16. 1. Très loin, *hors* du jardin, on devinait... 2. ... il a pris la rue Grande ; *or,* du jardin, on la voit... 3. *Hors* de l'église, pas de salut ! 4. Le pays semblait tranquille. *Or* il se produisit... 5. Il était *hors* de lui. 6. J'ai plus *d'avantage* à attendre. 7. Je ne peux attendre *davantage*. 8. Ses malheurs l'aigrissaient *davantage*. 9. Il ne réclame pas *d'avantage* indu. 10. Elle l'aimait *davantage* à mesure qu'il s'éloignait. (N.B. : pas d'accent circonflexe sur indu : voir corrigé ex. 12.)

17. Il *sait* se mettre en valeur. *C'est* une force : *ses* mérites ne passent pas inaperçus. Sa carrière *s'est* déroulée... *Sait*-il où il est nommé ? Il *s'est* déjà informé... mais *c'est* difficile... Les employés de *ces* bureaux sont... débordés... parce que *c'est* à eux que chacun adresse *ses* réclamations.

18. *Gérondifs :* fatiguant, différant, divergeant, précédant, vaquant, convainquant, négligeant, excellant, intriguant, provoquant.
Adjectifs : vacant, excellent, convaincant, divergent, négligent, précédent, fatigant, différent, provocant, intrigant.

19. 1. C'était un avare excellant à accumuler les profits. 2. Vos arguments ne sont pas très convaincants. 3. En négligeant les difficultés, on ne peut les résoudre. 4. C'est un intrigant ! 5. Elle répondit sur un ton provocant. 6. Liste des postes vacants. 7. Ce repas est excellent. 8. Ils tentent de concilier des points de vue divergents. 9. Il les toisait, provoquant leurs critiques. 10. On sentait cette touffeur pénible, précédant l'orage.

20. Il a dessi*né* un plan. 2. Il a un plan à dessi*ner*. 3. Dessi*nez* (ou dessine) ce plan ! 4. Ne pas dessi*ner* est une infirmité... 5. La maison qu'il a dessi*née* a très belle allure. 6. Veillez à dessi*ner* soigneusement. 7. Vous semblez savoir fort bien dessi*ner*. 8. Que dessi*ner* ? 9. Que dessi*nez*-vous ? 10. Je l'ai vu dessi*ner* ce modèle.

21. 1. Le maillot qu'elle s'est ache*té* est très joli. 2. Ils se sont *fait* diverses avanies. 3. Regardez la médaille que je lui ai offer*te*. 4. La raquette qu'il s'est procu*rée* est ... légère. 5. Les années que nous avons pass*ées* là-bas ont été...passionnantes.

6. Ils se sont lou*és* mutuellement... 7. Les appartements se sont lou*és* très cher... 8. Françoise et Jean ont loué un appartement. 9. Ils ne se sont pas p*lu* chez leurs correspondants. 10. Ils se sont p*lu* à nous contredire (le part. de *se plaire* (= se faire plaisir) et de ses composés est invariable).

22. Le hér*os* du roman n'est guère héroïque. Il est placé devant un terrible dil*emme*, c'est-à-dire *une* cru*elle* alternati*ve* (une alternative donne le choix entre *deux* solutions). Si tu mo*urais* (imparfait de l'indicatif) je mo*urrais* (conditionnel présent) de chagrin moi aussi. Les personnages cornéliens sont à la fo*is* or*gu*eilleux et r*ai*sonneurs.

23.

	T. de la sub.	Principale
Quand il avait travaillé, il se reposait.	Plus-que-parfait	Imparfait
Quand il aura travaillé, il se reposera.	Futur antérieur	Futur
Quand il eut travaillé, il se reposa.	Passé antérieur	Passé simple

Dans les 3 subordonnées, ce sont des formes composées qui marquent l'antériorité.

24. Bien qu'il *ait* l'air ... solide, il *envoie* ... sa démission et *paraît* inflexible : «Tu m'*objectes*, dit-il, les services que je *peux* ... rendre, mais d'autres les rendront.» Et il *conclut* que sa décision est irrévocable.
Quoi qu'il *pût* dire et bien qu'il *redoutât* les suites ... la cohésion de leur groupe *cessa* et *se défit* brusquement.
(On pourrait aussi avoir : ait pu dire, ait redouté, a cessé, s'est défait, mais les deux premières formes introduiraient une nuance d'antériorité.)

25. Je souhaite qu'il *vienne*. J'espère qu'à ce moment-là il *fera* beau. S'il renonçait à ce projet et que nous ne le *voyions* pas, nous *serions* très déçus. C'est la meilleure occasion que je *connaisse* de faire... voyage. (La concordance rigoureuse, à peu près inusitée de nos jours, entraînerait : «et que nous ne le *vissions* pas».)

26. Si j'*avais su,* je ne serais pas venu. Le ciel *t'entende*! Que le meilleur *gagne*! Si seulement nous *travaillions*..., nous serions moins angoissés! Si seulement j'*avais pu* mettre de l'argent de côté...! Si c'est si facile, que ne *fait-on* la même chose? Si demain on me l'offrait, je le *refuserais*. Si tu avais pris tes médicaments, tu ne *serais* pas malade maintenant. Si tu avais pris tes médicaments, tu n'*aurais pas été* malade hier. *Puissé-je* le revoir ! (Quand le pronom sujet *je* est postposé, si le verbe se termine par un *e* muet, on accentue ce *e* pour faciliter la prononciation.)

27. 1. Le 11 juin 1865, la foudre *tomba* sur l'hôtel de ville (fait historique, lointain). 2. Il y a trois mois la foudre *est tombée* sur notre maison (passé proche avec incidences sur le présent). 3. Saint Louis *reçut* une éducation très sévère (pas. historique, révolu). 4. Hier nous *avons eu* un accident (pas. proche en relation avec le présent). 5. C'est un garçon exceptionnel, qui *a reçu* une éducation très soignée.

N.B. A moins de marquer une action soudaine et brève, le passé simple indique le passé lointain, historique ; le passé composé convient mieux pour exprimer le passé proche en liaison avec le moment présent.

28. *Juste :* Il est venu sans qu'on entende rien (pas de nég. après sans que).
Peut-être ignore-t-il ce décret (inversion du pron. sujet après peut-être, aussi, à peine, etc.).
Faux : Je me demande quelle heure... (pas d'inversion dans l'interrogative indirecte : j'ignore quelle heure il est).
A peine il est ... que ... (inversion nécessaire : à peine est-il...).
Malgré qu'il en est... (subj. obligatoire dans toutes les prop. concessives : « malgré qu'il en ait », voir corrigé de l'ex. 7).

29. Je connais bien le quartier à la rénovation *duquel* vous collaborez, rénovation d'ailleurs très difficile et délicate. 2. J'insiste là-dessus parce que c'est *ce à quoi* il faut faire bien attention. 3. C'est la petite fille *dont* le père est maçon. 4. Ce *dont* il a besoin après tout, c'est qu'on le laisse travailler tranquille. 5. Elle était de plus en plus fatiguée ; elle *l'*était depuis des années (l'attribut ne peut être représenté par *y*, adverbe de lieu).

30. ...J'ai été très étonné de *ne* (négation omise) pas en voir la fin. Quand *nous sommes arrivés* (le gérondif doit avoir le même sujet que la proposition dans laquelle il se trouve ; or la mer n'est pas arrivée !) le matin, elle était *gris vert* (un adj. composé de 2 éléments indiquant une nuance de couleur ne s'accorde pas) et le soir elle était toute bleue. Nous avons bien pêché, mais *nous nous sommes* surtout *intéressés* au port (*souciés de* ne peut avoir le même complément qu'*intéressés à ;* il vaut mieux supprimer *souciés de* qui est impropre que développer la construction : « souciés du port et intéressés à lui »), où beaucoup de bateaux rentraient ... et où d'autres étaient amarrés ... (Il est incorrect de répéter, au moyen de l'adverbe de lieu *y* , le compl. de lieu déjà exprimé par le relatif *où).* Quoique le vent *fût* frais (toujours le subj. dans les prop. concessives), *nous avions* (confusion entre *nous* et l'indéfini singulier *on*) très chaud... et nous étions si fatigués que nous *ne* (négation omise) sentions pas la fatigue. C'est toujours comme cela après qu'on s'est bien amusé (il faut l'indicatif après *après que*). Je me rappeller*ai* cet*te* journée (*se rappeler* entraîne un comp. d'obj. dir., ou je *m'en souviendrai*).

31. 1. L'homme, *dont* la silhouette massive impressionnait... ne répondit rien (*dont* compl. de nom marque la possession : *sa* doit donc être supprimé. De plus *dont* ne peut être complément d'un nom précédé par une préposition : de là l'élimination du mot *massivité* et le changement de tour).

2. Nous regardons la maison vide et silencieuse *où* des cris d'enfants ont longtemps retenti.

3. Ils regrettaient toutes ces choses *dont* ils connaissaient bien le prix.

4. Elle est invitée par des amis *dont* on célèbre aujourd'hui l'anniversaire de mariage (*dont* est compl. d'*anniversaire* qui n'est pas précédé d'une préposition, voir phrase 1 ; «dont on célèbre l'anniversaire *du* mariage» serait incorrect).

5. Ce cours traite de problèmes graves *où* je n'entends rien (ou *auxquels*).

6. Passionnant sujet *dont* la réflexion s'efforce de saisir la substance.

7. C'est un visage figé *où* nous pouvons lire passivité et veulerie.

8. Ils dégagèrent une énorme racine *dont* chaque ramification se déployait en un réseau impressionnant.

9. Cette évolution historique, *dont* l'annonce exemplaire se trouve dans la trajectoire de l'auteur que nous étudions, est tout à fait caractéristique.

10. Chacun désormais s'intéresse à l'aventure du langage, *dont* la stratification et la formation deviennent le problème essentiel.

N.B. : La relative déterminative, dont la suppression modifierait complètement le sens de la phrase, n'est pas séparée de l'antécédent par une virgule ; la relat. appositive, qui ajoute une nuance complémentaire à la phrase sans lui être indispensable, est entre virgules. Selon la ponctuation, *où je n'entends rien,* phr. 5, sera une relat. appositive (elle signifiera que d'une façon générale je n'entends rien aux problèmes graves) ou une relat. déterminative (elle indiquera que les problèmes graves traités dans le cours sont justement ceux auxquels je n'entends rien).

32. 1. Nous retrouvons là un thème dont il s'inspire et *qu'*il développe avec beaucoup de vigueur. 2. Il s'est fâché non seulement contre les enfants, mais encore contre le chien (ou : «Non seulement il a grondé les enfants, mais encore il s'est fâché contre le chien»). 3. Nous *n'étions que* trois (ou *«nous étions seulement trois»*) à cette réunion. 4. Soit qu'il n'ait pas été prévenu, *soit qu'*il voulût montrer qu'on l'avait prévenu trop tard, il n'est pas venu. 5. C'est une situation que l'employé connaissait dans tous les détails et *à laquelle* il s'intéressait de près. 6. S'il vente demain, je ne sortir*ai* pas (futur et non conditionnel puisque la sub. est au présent de l'indicatif). 7. Il ne mange volontiers ni des haricots verts, *ni* d'une façon générale aucun légume. 8. La chose *qu'il* se rappelait avec le plus de plaisir, c'était la promenade en bateau. 9. Il remit la lettre... *pour qu'*elle *ne* s'égare *pas* (*pour ne pas que* est incorrect; l'usage actuel évite la concordance au passé : pour qu'elle ne *s'égarât pas* est pourtant la tournure la plus correcte). 10. C'est une curieuse aventure dont chacun de nous, après bien des années où l'oubli jour après jour a fait son œuvre, garde le plus étrange souvenir.

33. Je ne l'ai pas prévenu pour qu'il ne vienne pas (ou ne vînt pas; cf. ex. précédent phr. 9) / afin d'éviter qu'il ne vienne / pour éviter sa visite / pour l'empêcher de venir / de crainte qu'il ne vienne.

34. Je me rappelle cette adresse / Je me souviens de cette adresse / Je sais toujours cette adresse / Cette adresse est restée dans ma mémoire / J'ai toujours cette adresse en tête.
Il a paré à cet inconvénient / Il a pallié cet inconvénient / Il a remédié à cet inconvénient / Il s'est libéré de cet inconvénient.

35. 1. *Vous n'êtes pas sans savoir.* (Vous n'êtes pas sans ignorer = vous ignorez!) 2. *...à moins qu'il ne vienne.* 3. *Il a des chances de gagner* (*risquer* implique un danger : on risque de perdre, non de gagner). 4. *...n'ont pas été vérifiés* (*avérer* signifie *établir comme vrai;* son emploi avec l'adj. *faux* constitue une incohérence). 5. La réponse favorable est *Non* (qui signifie : «non, cela ne me dérange pas»; le *si,* qui acquiesce à l'idée d'aide suggérée par le complément, ne répond pas à la question posée, ce qui revient à donner une réponse défavorable).

36. ...*un peu jeune* (au sens de «trop peu, insuffisant») - *A qui vous le dites !* (au sens de «je le sais bien, vous n'avez pas besoin de me le dire») - *J'en connais un bout* («je suis informé, au courant») - *Y a pas* (= il n'y a pas au sens de «il n'y a pas à dire») - *M'en parlez pas* (= ne m'en... au sens de «n'insistez pas là-dessus») - *T'en mêle pas* (= ne t'en mêle pas) - *c'est pas tes oignons* (au sens de «cela ne te concerne pas») - *des fois qu'on...* (au sens de «on pourrait peut-être te demander...») - *génial* (au sens d'«extraordinaire») - *messieurs-dames* (au lieu de au revoir Mesdames, au revoir Messieurs).

37. *Correct :* Il ne fait que pleurer (il pleure continuellement). Il ne fait que d'arriver (il vient d'arriver).
Familier ou incorrect : Il a fait second (il a été second). Ce problème n'est pas compréhensif (compréhen*sible*). La couturière prend son ciseau (*ses* ciseau*x*. *Le* ciseau est l'outil du sculpteur). Il y a de l'ambiance (au sens de «il y a de l'animation»). Arsinoé lui lance des vannes (au sens de «fait de l'esprit à ses dépens»). Matamore... se défile (s'esquive). Ne vous frappez pas... (ne vous laissez pas impressionner). Ses menaces ne sont que du chiqué (ne doivent pas être prises au sérieux).

38. ami / se tire d'affaire / se donner de mal / le discours / cédé / deviné / dépêche-toi / j'ai compris / regarde / j'aurais peur.

39. *Langage soutenu :* si vous me permettez cette expression / pour parler familièrement / pour employer un langage en accord avec notre sujet.
Langage familier : en parlant familièrement / passez-moi l'expression / comme on dit / les guillemets ne suffisent pas à excuser une expression familière ; ils sont eux-mêmes comme un clin d'œil familier au lecteur : un appel à sa complicité.
à éviter : sauf votre respect (vieilli) / faites excuse (populaire) / révérence parler (vieilli).

40. *En premier* (en premier lieu) *solutionner* (résoudre) *environnement* (situation, cadre de vie) *au niveau de* (dans) *sur le plan de* (concernant) *Question transports* (incorrect = quant à la question *des* transports ; pour les transports) *positionnée* (placée) *impulser* (développer, encourager) *côté industries* (incorrect = *du* côté *des* industries) *décentralisation* (l'installation).

Il faut d'abord résoudre les problèmes concrets de notre vie quotidienne. Pour les transports, la situation de notre commune est assez favorable, mais nous voulons encore développer son expansion industrielle et assurer l'installation de plusieurs usines dans notre zone industrielle.

41. Ma sœur et moi, nous avons bavardé. Je suis terriblement courbatue. Elle était bouleversée. Elle était très émue. Il a des soucis pécuniaires. Il a des soucis d'argent. Je n'avais pas compris que... Je ne m'étais pas rendu compte que... Ce n'est pas très clair. Il est assez sympathique.

42. ...passer *à la* teinturerie et *à la* boulangerie, ...porter... *à la* laverie ; ... aller *chez l'*épicier et *à la* boucherie avant d'aller *chez le* docteur... s'arrêter *chez le* charcutier et porter... *chez le* (ou *au*) pharmacien... téléphoner *au* plombier et prendre rendez-vous *chez le* coiffeur.

43. 1. Il reçut à l'improviste une blessure à la tête (la coordination de termes qui n'ont pas le même rôle grammatical - comp. de localisation et de manière - déséquilibre la phrase). 2. Il a refusé... à cause d'un orgueil qui est peut-être le pire des défauts (pas de relative après un nom qui n'est précédé ni d'un article ni d'un adj. possessif ou démonstratif). 3. Il répondit en anglais, en hésitant un peu entre chaque mot (cf. phrase 1). 4. Êtes-vous français ? ... je parle votre langue (le même mot ne peut pas être exprimé puis désigné par un pronom avec un autre sens dans la même phrase). 5. En assistant à *Lorenzaccio* nous éprouvons les émotions violentes que le personnage central exprime... (cf. phr. précédente). 6. Dis-le-moi (le pronom comp. d'objet dir. se place le 1er). 7. ...je le lui donnerai. 8. Il arbore un air de bonne santé qui contraste avec la mauvaise mine de... (cf. phr. 2). 9. Il ne semble pas que ce soit possible (subj. après *il semble* à la forme interrogative ou négative). 10. On dirait bien qu'il est parti.

44. 1. *Est-ce à lui* que vous *parlez ?* 2. Ce sont des *jeunes gens* ou *jeunes hommes* charmants. 3. Je ne suis pas *favorable à cet avis* (ou Je n'en suis pas partisane - admis actuellement). 4. Il va à l'école *à* bicyclette (comme à cheval). 5. Je vous quitte en souhaitant que *vos affaires continuent à vous donner satisfaction*. 6. La hausse... *tend* à se résorber (du v. tendre et non tenter !). 7. Il est pourtant *censé* avoir préparé ce travail. 8. Nous devons aller ce soir chez l'horticulteur, chez le grainetier, aux serres - évitez le franglais ! 9. ... les conjonctures économiques. 10. Nous souhaiterions *entrer en relation* avec vous (cf. phr. 8).

45. Cette affaire *prétendue bonne,* ou *qu'on croyait avan-tageuse* (soi-disant ne convient qu'à des personnes), *a échoué,* ou n'*a pas réussi ;* elle *paraissait* pourtant *sérieuse,* ou elle *sem-blait intéressante. Quant à* nos projets, ou *en ce qui concerne* nos projets, il m'a expliqué *à grand renfort de chiffres, chiffres à l'appui, qu'*il fallait être *plus actifs,* ou *faire preuve d'énergie. Comme c'est* compliqué, ou *quelle complexité, cela* (la contrac-tion *ça* est familière) *m'assombrit,* ou *me décourage.*

46. 1. Un placard décoratif et *bien adapté* (un placard ne peut former une ambiance, c'est-à-dire le milieu dans lequel sont pris les êtres vivants. 2. Nous *avons décidé de* ou *nous sommes déci-dés à* partir. 3. Savez-vous que le muguet qui poussait dans notre commune pouvait rendre jaloux les bois de Chaville ? 4. Ils ont commis un vol avec effraction... 5. Il n'est pas jusqu'aux intellectuels qui *ne* se réjouissent. 6. Ils n'ont de cesse qu'ils *n'*obtiennent leur dû. 7. Elles ne laissent pas d'être cupides. 8. Elle a maigri *au point que* cela... 9. Cette nouvelle m'a stu-pé*fiée.* 10. Nos arrivages souffrent *parfois* de graves retards.

47. *De* bonnes nouvelles (*des* s'écrit *de* devant un adjectif pluriel). - En vous remerciant, je vous prie d'agréer... (le gérondif doit avoir le même sujet que la proposition où il se trouve ; cf. ex. 30). - ...deux quatrains et deux *tercets.* - ...orgueilleux, *voire* arrogant. - Le XVIIe siècle est sans doute supérieur au XVIIIe *siècle*... - Agréez, Monsieur, mes meilleures salutations (on ne « croit » pas à des saluta-tions). - Victor Hugo est un grand *poète* romantique. - Qua*nt* à nous... - ... *ne* le dérange pas ! - ... je suis obligée de le *gronder* (ou de le prendre à partie).

48. 1. ...Voilà qu'il m'appelle ! (ou : est-ce qu'il ne m'appelle pas ?). 2. C'est dommage qu'il *soit* malade. 3. Même *si j'étais* riche... 4. ...vu les circonstances, on comprend qu'il *soit décou-ragé.* 5. Baudelaire souffre du « spleen » : il est accablé d'ennui et de tristesse.

49. *Soutenue :* Ces dames faisaient preuve d'une exigence inconcevable de nos jours. *Correcte :* Ces personnes se mon-traient exigeantes comme on ne le se permettrait plus à notre époque. *Familière :* Ces femmes étaient mauvaises comme on n'oserait plus aujourd'hui. *Populaire :* Ces bonnes femmes étaient râleuses comme on oserait plus maintenant.

50. *Soutenue :* Un chien qui s'était réfugié derrière la demeure donnait de la voix de son mieux. *Familière :* Un corniaud caché derrière la baraque râlait à qui mieux mieux. *Fam. enfantine :* Un toutou derrière la maison aboyait très, très fort. *Populaire :* Un clebs planqué derrière la bicoque gueulait tout ce qu'il savait.

51. Il était *un peu plus de 6* heures, elle l'avait *remarqué. C'était un bonheur qu'elle ne pleurât point.* ...dans le bureau du *directeur* et qu'il lui *dirait : Mademoiselle,* vous êtes *très* gentille, votre *orthographe est correcte* et vous avez du *doigté ;* je ne *doute pas de votre sincérité* ...triste obligation de vous *congédier.*

52. *L. courante :* Je ne sais pas... mais j'*avais* tout le temps des amendes, on me *prenait mes marchandises,* ... on fermait ma boutique *;* en juin 44 c'est *à peine si* j'avais un peu d'or *de côté...* *La guigne.*
L. soutenue : J'*ignore* comment *cela pouvait se faire,* mais j'étais toujours *condamné à* des amendes, on me *dépouillait de mes* biens... A peine *avais-je,* en juin 44, un peu d'or *à ma disposition.* Heureusement *d'ailleurs, car... Quelle malchance !*

53. *L. courante :* Le village était réservé *tout entier pour* l'État-major... et aussi pour cette *canaille de* commandant. Il s'appelait Pinçon, ce *sale individu...* J'espère... qu'il est *bien mort* (et pas d'une mort *trop douce).*
L. soutenue : Le village était *exclusivement* réservé *à l'*État-major... et aussi à *cet infâme personnage,* le commandant. Il s'appelait Pinçon, *ce misérable...* J'espère qu'...il a *décidément trouvé la mort (et non* une mort *paisible).*

54. 1. ...laisser la situation *dans l'état actuel.* 2. *Cela* ne me paraît pas... 3. Si *l'on* adopte... 4. ...si nous voulons *équilibrer notre budget.* 5. ...je constate que *rien n'est changé.* 6. ...dédaignée par *la foule des profanes* (cette locution est du latin barbare - vulg*um* au lieu de vulg*us*). 7. ...intéressants à la *télévision.* 8. *Comme* suite à votre démarche... 9. Cette clause est *à peu près* tombée en désuétude. 10. Ils nous ont *rebattu* les oreilles de leurs succès.

55. Barrez : 1. cependant. 2. même. 3. là. 4. par conséquent. 5. en effet. 6. alors. 7. de ce fait. 8. pour finir. 9. malgré tout. 10. peu à peu.

56. 1. Quoique (...) puissant, ... 2. ...dangereux parce que (...) très énergique. 3. (...) il est fatigué : laissez-le dormir. 4. ... un de ses meilleurs discours, sinon (...) le meilleur. 5. Bien que (...) ridicule, il est traité avec égards. 6. ...de meilleurs résultats que (...) moi. 7. Nous l'aimons comme (...) un frère. 8. La rumeur s'amplifie (...) jusqu'à la diffamation. 9. Elle te trouve (...) stupide ... 10. ...une vaste salle de (...) 6 mètres sur 8.

57. Ce travail, *entrepris* sous *la surveillance* de *celui qui* en avait tracé les plans, a été ensuite pris en charge par l'entrepreneur *qui* n'a pas été capable de suivre les indications *de l'architecte.*
L'augmentation des tarifs de la S.N.C.F., dans cette période particulièrement gênante *qui* voit le retour en masse des vacanciers, doit aboutir à une nouvelle montée des prix.

58. Vos fréquentes absences nous obligent à vous faire recommencer le stage au début. 2. Caché derrière le pilier, j'ai échappé aux balles. 3. Malgré cette défaillance... 4. ...il a été dans l'impossibilité... 5. Infirmités qui ont entraîné son admission à la Maison de retraite.

59. 1. parce que (ou car). 2. puisque (ou comme). 3. parce que (ou comme, ou sous prétexte que). 4. non que nous soyons satisfaits... mais parce que. 5. Puisque je vous le dis... 6. Comme (ou sous prétexte que) 7. Sous prétexte qu'il a fait froid... 8. puisque. 9. parce que (ou sous prétexte que).

60. 1. Les capitales régionales comme Lyon... 2. ... sans bouger comme une bûche. 3. Les impôts locaux augmentent à proportion de l'alourdissement des charges municipales. 4. Je répète son récit fidèlement. 5. Une écharpe de brumes s'enroulait... 6. ... comme une harmonie céleste. 7. Les enfants se sauvent de l'école en une volée d'étourneaux. 8. ...avec un débit haché, fiévreusement. 9. Vos positions diffèrent des leurs et même s'y opposent. 10. ...un salaire égal au mien.

61. 1. Le statut de ce territoire le soumet à une double autorité. 2. Votre déclaration sur l'urgence de vendre m'inquiète. 3. Par sa famille, il appartient à la bourgeoisie. 4. Il a transmis ses terres à ses enfants, par une donation écrite. 5. De toute façon il est difficile de choisir. 6. Nos études établissent la présence de l'eau à 2 m. 7. Grâce au recrutement de nouveaux représentants, ils comptent augmenter les ventes. 8. Il y a là un euphémisme ou adoucissement d'expression. 9. Avec une carte d'abonnement je peux faire le trajet plus souvent. 10. La longue interruption du courrier nous a privés de nouvelles.

62. 1. Il compte sur votre appui. 2. Je suis convaincu de son innocence. 3. ...conscients de l'importance de cette affaire. 4. M. X. annonce sa candidature aux élections législatives. 5. ...ne croient plus à l'immortalité des civilisations. 6. Depuis leur déménagement... 7. ...jusqu'à l'opération. 8. Dès les premières notes... 9. Le chef de chantier, devant ce gâchis... 10. Faute de garant, il n'a pu obtenir ce prêt.

63. 1. Le soleil revenu,... 2. En grandissant ... 3. La montée des prix rend nécessaire la taxation. 4. Le concert terminé... 5. En réfléchissant à cette affaire ... 6. La présence de l'inspecteur facilita l'affaire. 7. Depuis ce scandale, un certain climat... 8. Sitôt arrivé, le paquet a été déballé avec entrain. 9. On ne comprend pas chez les autres une émotion jamais éprouvée en soi-même. 10. Mieux conseillé, il aurait agi autrement.

64. 1. Ancien élève, il ne souhaite pourtant pas... 2. Malgré son ignorance, il a fait son chemin. 3. Malade, elle est cependant toujours souriante. 4. En dépit de son grand âge, il est... 5. Sans faire aucune promesse, le commissaire a laissé espérer... 6. Malgré tout son orgueil, il doit baisser la tête. 7. Il ne faut pas se fier à sa gentillesse apparente. 8. Malgré leurs gros revenus, ils ont des problèmes pécuniaires. 9. Sans connaître vos intentions, je vous fais confiance. 10. Nombreux, ces arguments ne sont pourtant pas décisifs.

65. 1. ...pour rendre sa collègue jalouse. 2. Pour renforcer l'efficacité du traitement... 3. Il s'impose par sa prestance. 4. Pour le confort de votre maison choisissez... 5. Pour alléger les traites, il faut... 6. Par son ascendance celte, il est... 7. Votre résolution peut nous aider. 8. Ils ont fait une déclaration commune pour établir clairement leur position. 9. Il est venu à ta demande. 10. Elle a réussi à force de travail.

66. 1. Les vitres brillent à nous éblouir. 2. Il est méchant au point de détester tout le monde. 3. ...inattendue au point de faire l'effet d'une bombe. 4. Elle a trop de soucis pour pouvoir dormir. 5. J'ai pris toutes les précautions capables de sauvegarder ses intérêts.

Elle montre un dévouement tel que tout le monde l'estime / Elle montre tant de dévouement que... / Elle est si dévouée que... / Elle est dévouée au point que... / Son dévouement fait que tout le monde l'estime.

67. A - 1 - en attendant qu'ils en achètent. - 4 - pour qu'ils soient mieux installés (ou encore : avant de se retirer à la campagne).
B -2 - pour être mieux installés - 3 - avant qu'elle se retire à la campagne - 5 - en attendant d'en acheter.
N.B. Le complément à l'infinitif n'est possible que si le sujet de l'infinitif est le même que celui du verbe de la proposition dans laquelle il se trouve.

68. 1. Je te vois progresser... 2. Le malade sent ses forces décliner. 3. Nous lui faisons prendre son remède à l'heure. 4. Entendez-vous le vent souffler ? 5. On le sent inquiet. 6. Nous pensons l'affaire réglée. 7. Elle se sent rougir. 8. Vous le voyez épuisé. 9. On devine la terre toute proche. 10. Le public a jugé ce film sans intérêt.

69. 1. Le directeur, qui était pressé, refusa... 2. Un club qui recrute de nouveaux adhérents doit pouvoir les retenir. 3. Le client qui n'a pas été bien accueilli ne reviendra pas. 4. Quiconque contreviendrait à cette réglementation serait passible d'une amende. 5. Il souhaite pratiquer un sport qui développe (subj.) ses muscles. 6. Le soleil, qui est chaud, n'est malgré tout pas accablant.
7-8 - Dans les tournures : *il a les lèvres flasques* ou *ses lèvres flasques, flasques* est attribut, et la relative qui joue le rôle d'épithète ne peut lui être juxtaposée de façon satisfaisante. *Correction :* il a des lèvres flasques d'où sortent des paroles sans suite.
9-10. - *qui* semble avoir pour antécédent *article* ou *auteur* plus que problème. *Correction :* l'auteur de l'article laisse échapper un problème qui pourtant est de taille.

70. La détente amorcée peut se confirmer / Les deux partenaires devraient pour cela consentir un certain nombre de concessions / Ils devraient aussi comprendre la situation / Leurs ambitions paraissent opposées / En fait ils sont étroitement liés l'un à l'autre.
La confirmation de la détente exige des deux partenaires certaines concessions et la conscience de leur étroite solidarité, en dépit d'ambitions apparemment opposées.

71. Après cinq semaines écoulées sans solution, la situation se durcit de jour en jour au point de préoccuper les services de la préfecture et de provoquer leur intervention auprès de l'Inspection du travail.
Malgré la qualité et la robustesse appréciée de nos machines, nos circuits commerciaux insuffisants détournent de nous de nombreux clients au profit de firmes allemandes.

Efforcez-vous à l'élégance

72. La même progression dramatique s'affirme dans l'enchaînement des scènes et dans l'évolution psychologique des personnages tout au long de la pièce.

73. A mon avis, son rôle ici n'est pas clair. Chaque fois que je l'ai rencontré, il louvoyait ; c'est la même chose actuellement. Aussi ai-je décidé de ne rien lui dire. Après tout c'est plus prudent.

74. Malgré sa bonne opinion de lui-même, c'est un auteur connu seulement pour quelques articles, parus dans le journal régional, articles mal payés d'ailleurs et souvent élagués sans ménagement par la rédaction.

75. Depuis qu'il occupe ce poste, il en a fini avec les provocations et les excentricités ; mais l'habitude était prise et on hésite à le reconnaître dans ce personnage respectueux des usages et qui ne cherche plus le scandale. Le voilà qui ressemble à son père au même âge !

76. Mon frère est ici depuis hier, sans travail, accablé de soucis : la maladie de son fils, la dépression de sa femme l'assombrissent terriblement.

77. Tandis que peu à peu la locomotive ralentit l'allure, chacun se prépare, rassemble ses paquets : Frédéric met son manteau, une dame a perdu son enfant. Voici enfin le train à quai.

78. Presqu'île triangulaire, trois fois plus étendue que l'Europe, l'Afrique est un des cinq continents. Si elle recèle d'importantes ressources minières, sa faune et sa flore ne sont pas moins intéressantes.

79. Cette opinion est contestable. Aussi nous efforcerons-nous de la réfuter en nous appuyant sur l'expérience courante qui la contredit assez souvent. Je prendrai pour commencer un exemple banal.

80. 1. Au total, c'est confondant ! 2. Préparez-vous, grâce à des efforts progressifs, à pratiquer ce sport. 3. Le jour suivant, de bons amis nous ont informés de son départ. 4. Nous venons d'être bien déçus : des difficultés entre Pierre et son administration ont amené le directeur à lui refuser sa garantie et nous ne pouvons pas obtenir de prêt. Nos projets de maison s'évanouissent. 5. Avec votre accord, je parlerai en premier lieu des qualités privées du héros de cette fête avant de mettre en lumière la compétence professionnelle qu'il a su déployer dans notre ville.

81. 1. Pour lui la mort ne sera pas une déchéance mais un aboutissement. 2. Il comprend bien l'affaire et la faiblesse de sa position. 3. Son insolence et ses ricanements les ont beaucoup choqués. 4. Je le connais, lui et sa famille. 5. En réfléchissant, on voit que dans le fond il a raison. 6. Ils t'envoient, ainsi qu'à nous tous, leurs amitiés. 7. Le personnage et le décor présentent la même tristesse. 8. Il s'en charge et s'en occupe activement. 9. Pour moi, elle a été extrêmement gentille à diverses occasions. 10. Comptez sur la compréhension de vos collègues et sur la nôtre.

82. 1. Il montre son énergie dans toutes les entreprises auxquelles il se consacre. 2. Nous vous prions de noter que, depuis le 7 juin, notre adresse téléphonique est changée du fait de l'installation de lignes groupées. 3. Le héros est alors accusé, sur la foi de témoignages qui paraissent accablants mais qui sont en fait dictés par l'intérêt le plus sordide. 4. C'est un homme très intelligent, d'une énergie extraordinaire, un homme bon. 5. C'est à cela que dès lors, à travers les pires épreuves, elle consacre toute son énergie. 6. Promis aux plus hautes destinées s'il sait s'entourer de collaborateurs dévoués, il végétera dans le cas contraire. 7. Il est scandaleux que l'on puisse hésiter sur des questions qui... 8. Nous admirons depuis notre enfance les œuvres (...) qui présentent un intérêt toujours actuel. 9. Elle aime beaucoup les beaux meubles (...), tout ce qui exerce et affine le goût. 10. Un apprentissage sérieux auprès d'un patron expérimenté, avec (...), est un élément de formation tout à fait valable.

83. 1. Par la musicalité de ses rimes et de ses nombreuses allitérations, par la mélancolie intense qu'il dégage, ce poème est d'une grande beauté. 2. Nous avons dû retenir la facture, parce que (...), mais nous vous l'enverrons sous peu. 3. Il est si égoïste et si habile qu'il fait tourner à son profit des choses absolument indifférentes et qui ne le concernent même pas, les projets d'amis très éloignés aussi bien que les relations de connaissances lointaines et qu'il n'a pas vues depuis longtemps. 4. Le développement de la technologie et des techniques, avec tous les risques d'accidents et de pollution de diverses sortes qu'il implique, constitue un phénomène inquiétant. 5. Il est faux de prétendre que tout le personnel... ceux du poste précédemment occupé.

84. 1. Je redoute qu'il n'intervienne. 2. Nous ne craignons pas qu'il nous gêne. 3. Il y a dix jours que je *ne* l'ai vu. 4. La hausse des prix empêche que la consommation n'augmente. 5. Ils ne peuvent rien faire qu'on *ne* les critique. 6. Avant de signer, prenons garde que l'affaire soit rentable. 7. Prenez garde qu'on *ne* vous accuse. 8. ...pas que je sache. 9. Fuyez! que je *ne* vous assomme! 10. Il est plus riche que je *ne* le suis.

85. Je me réjouis d'apprendre que votre santé s'améliore et je forme des vœux pour son prochain et complet rétablissement. Le séjour à la montagne y contribuera sûrement. Attendez-vous à ma visite là-haut!

86. Bien que le nombre des employés soit suffisant (8 ouvriers et 1 contremaître), l'atelier R 2, chargé du conditionnement, a pris de gros retards, du fait d'une querelle personnelle entre le contremaître et l'un des ouvriers. Celui-ci, qui s'oppose délibérément à tous les ordres, devrait être muté dans un autre atelier.

87. 1. *Objet :* report du paiement de certaines heures supplémentaires.
Monsieur, j'ai l'honneur de solliciter...
2. Monsieur, je vous serais reconnaissant de bien vouloir m'expliquer pour quelles raisons mon fils Jacques a été retenu après la classe le...
3. (L'en-tête devrait comporter le nom et la fonction de l'expéditeur : M. Z, telle fonction, tel poste, à Monsieur le Ministre de...)
Monsieur le Ministre, j'ai l'honneur de solliciter de votre haute bienveillance mon inscription...
4. En vous remerciant encore, je vous prie de croire, Monsieur, à mes sentiments les meilleurs (cf. ex. 47).
5. Je vous prie d'accepter, Monsieur, l'expression de mes sentiments respectueux (les hommages sont réservés aux dames).

88. A cause de travaux importants de peinture qui doivent commencer lundi matin, le couloir axial sera fermé à partir de cette date : les employés des bureaux 6 et 7 devront de ce fait passer par l'entrée latérale. Nous espérons que cela ne leur occasionnera pas trop de gêne et que cet état de choses ne se prolongera pas.

89. 1. Votre rapport me semble devoir être revu ; en particulier il faudrait retravailler la dernière partie. 2. Chateaubriand n'est pas un auteur que j'apprécie. Sa morgue aristocratique et ses brillantes descriptions chargées d'adjectifs me sont désagréables. 3. Le marché que vous nous proposez ne nous paraît pas intéressant : notre budget ne nous permet pas de l'envisager. 4. Mallarmé est un poète qui m'éblouit. 5. Cet enfant ne passe pas dans la classe supérieure faute de travail. Pour faire des progrès, il devra modifier son attitude générale.

90. 1. Monsieur, je ne veux pas tarder à vous exprimer tous nos remerciements pour le service que vous nous avez rendu en nous procurant cet appartement. 2. Chère Madame, en attendant une plus longue lettre, ceci n'est qu'un mot rapide pour vous tenir au courant de la rapide évolution des choses et vous annoncer le prochain mariage de mon fils. 3. Madame, avant de partir en vacances, je m'empresse de vous communiquer les notes que vous nous aviez demandées. 4. (Même en arrivant plus graduellement à F. Mauriac, cette introduction serait mauvaise parce qu'elle tranche le débat au lieu de l'instituer.) Infiniment fécond et souple, le roman est le genre le plus représenté dans la littérature contemporaine. L'opinion à ce sujet d'un romancier comme F. Mauriac mérite d'être examinée et débattue. 5. (Ici encore il faudrait amener le sujet d'un peu plus loin et ne pas prendre à l'égard de F. Mauriac un ton d'approbation supérieure.) Le point de vue de F. Mauriac sur le roman comporte plusieurs idées qu'il nous faut bien distinguer avant de pouvoir en étudier l'intérêt et les limites.

91. V. Hugo, le grand poète romantique, l'auteur populaire dont nous connaissons tous les œuvres, a écrit dans son roman *Notre-Dame de Paris* la saisissante description que nous allons essayer de commenter.

92. 1 comparaison : elle part *comme* la flotte athénienne.
5 métaphores : *couronnée de fleurs :* les charmes de la jeunesse forment comme une couronne de fleurs / *pour aller conquérir :* l'allégresse de la jeunesse ressemble à un enthousiasme conquérant / *la prière... les libations... la foule... invocations :* la sympathie qui entoure la jeunesse ressemble à la ferveur unanime d'une cérémonie religieuse /*la voile se déploie :* il y a dans la jeunesse un élan qui ressemble à celui du vent dans la voile /*au souffle de l'aurore :* la brise du matin ressemble à l'enthousiasme juvénile.

93. La jeunesse est une chose charmante : elle part au *matin de la vie, comme une cordée* d'alpinistes *complices du vent et du soleil* et qui *répondent à l'orgueilleux défi* de quelque cime. Les mains amies qui les ont aidés à préparer les sacs, à vérifier les piolets et les cordes, s'agitent frileusement quand la bande joyeuse *ouvre ses ailes* au souffle de l'aurore pour s'élancer vers les *promesses du jour.*

94. Le Dr Espalion est installé depuis 10 ans dans notre *belle cité.* Il joint une *grande compétence* à un *dévouement sans limites.* Alors que *le blanc manteau de la neige* recouvrait toute notre *magnifique région,* il *a arraché à* une mort *atroce* un *malheureux vieillard* qui *avait été terrassé* par un *brusque malaise* et qui gisait dans la neige, sur le trottoir, au coin de la rue de la Fontaine.

95. Nos *valeureux soldats* feront leur *devoir jusqu'au bout ! N'écoutant que leur courage,* ils risquent leur vie *héroïquement* pour protéger *leurs parents, leurs enfants, leurs compagnes* contre nos *féroces ennemis.*

96. Que d'émotions depuis ma dernière lettre ! Hier j'ai cru vivre une séquence de film d'aventures. J'attendais pour traverser au carrefour de la rue X et du boulevard Y, lorsqu'à la suite d'un coup de frein brutal une auto est montée sur le trottoir et a littéralement foncé sur nous jusqu'au lampadaire, contre lequel elle s'est arrêtée dans un grand fracas. Tu imagines le reflux et la panique parmi les passants ! Je me suis retrouvée sans savoir comment sous le porche de la banque, au milieu des cris et des appels angoissés...

97. Sur 14 jours de stage nous avons eu 4 jours de pluie, 2 de temps gris sans averses et 8 journées de grand beau temps. Les 4 jours de pluie sont intervenus à peu près tous les 3 jours.

Ces conditions météorologiques ont été extrêmement favorables à nos activités : nous avons pu proposer aux stagiaires 4 ascensions qui les ont beaucoup intéressés.

Nous avons placé pendant les jours de pluie des conférences sur le milieu, suivies de projections et de débats.

Le reste du temps a été consacré à des séances d'observation de la faune et de la flore à proximité immédiate du chalet.

98. - terminé, et *très bien* terminé / un temps parfaitement *dosé* / *s'est présenté régulièrement...* comme pour permettre / *très réussies, ma foi ! / espionné* des marmottes / *bref* la faune et la flore... n'ont *plus de secret pour nous !*

99. *Mon calendrier personnel est complètement désorganisé :* on a fêté aujourd'hui mon anniversaire parce que *j'avais bêtement accepté un rendez-vous pour demain :* à l'hôpital. Il *est sérieusement question* d'enlever le kyste *qui gâte un peu l'harmonie de mon épaule gauche !...* Le *coup d'œil devrait être nettement amélioré* quand nous nous retrouverons dans quinze jours sur la plage.

100. Exagération : «voulût-il lui... pour époux» / antiphrase : «votre sort est fort beau» / fausse naïveté : «de quoi vous plaignez-vous» / impropriété satirique : «ville... en oncles et cousins... fertile» (aussi nombreux que légumes au potager...) / antiphrase : «et vous vous plairez fort» / feint respect : «le beau monde... Mme la baillive et Mme l'élue.»

101. Feinte compassion : «pas de veine, Françoise» / «la pauvrette». Feinte admiration : «rien négligé, pourtant...» / «affichage colossal» / «superbe morceau de bravoure...» Insinuation : «dit avoir payés de sa poche». Rosserie : «orné de sa photo».

102. Avec sa prévoyance coutumière, notre conseil municipal vient de décider dans sa séance du 17 juin la fermeture du camping de l'Alouette. Tous les braves gens qui s'apprêtaient à y faire un séjour peu coûteux renonceront sûrement de bon cœur à leurs vacances lorsqu'ils sauront de quoi il s'agit. Permettre l'extension du Tennis Club, dont chacun connaît le caractère résolument démocratique, c'est tout de même une perspective exaltante. Aider damoiselles et damoiseaux à dépenser leur énergie en tapant dans des balles, c'est venir à la fois au secours du sport français et de l'enfance malheureuse...

103. Répétition : il a su... il a su...
3 phrases marquant un crescendo : - il a su dompter, il a su discipliner, il a même réfléchi...
- la terre..., les plantes..., les venins même...
3 termes de longueur croissante : *lui* donner... / corriger *en sa faveur* / remèdes *pour l'amour de lui.*
parallélisme : - leur humeur brutale / leur liberté indocile.
- par l'esprit... / par la force...
interrogation oratoire : la terre n'a-t-elle pas... ?

104. Établi depuis 10 ans parmi nous, le Dr Espalion a su non seulement s'intégrer à notre communauté, mais encore en devenir un des éléments les plus actifs, un des membres les plus précieux. Prompt, dévoué, méthodique, il est doué de surcroît d'une étonnante faculté, celle de se trouver toujours à l'endroit où son intervention peut être la plus utile. N'est-ce pas lui justement qui cet hiver a trouvé un vieillard évanoui dans la neige et qui l'a sauvé de la mort en associant à la compétence du médecin et à la décision de l'homme d'action la compassion généreuse du bon Samaritain ?

105. La jeunesse porte fièrement sa charge d'espérance. Est-il quelque aventure qu'elle n'ait rêvée, quelque entreprise qu'elle n'envisage, quelque risque qu'elle ne se sente prête à affronter ? La terre entière est son domaine, le monde est son champ d'action. Toutes les promesses de l'avenir et toutes les joies du moment présent semblent s'ouvrir devant elle qui va gaiement, avide, ardente, conquérante...

106. Le développement de ces signaux confirme mon point de vue : la civilisation occidentale perd le sens du sacré. (...) - La ville, entassement artificiel de pierres, a besoin d'un peu de mystère pour se rapprocher de la nature, complexe et mal connue. Car l'homme ne progresse qu'en affrontant l'inconnu. Pour un homme qui est né ou qui vit à Paris, c'est l'inconnu des itinéraires qui forme un véritable apprentissage, une initiation ; celle-ci permet de distinguer les meilleurs, ceux qui pourront prendre la tête de notre civilisation. Inversement, ceux qui n'ont pas pu apprendre à lire la ville, à se reconnaître dans les parcours, et qui à cause de cela sont partis en banlieue, ne doivent pas être aidés par ces panneaux et passer ainsi, injustement, de leur catégorie à la catégorie supérieure, celle des initiés.

107. Ce texte est caractérisé par le développement très rigoureux d'une pensée logique qui s'appuie d'abord sur la confrontation d'arguments puis sur la présentation frappante d'exemples significatifs. Si la première phrase nous surprend, l'auteur nous rassure très vite : il s'agit d'une affirmation provisoire, qui n'exprime pas sa pensée personnelle mais qui reflète l'opinion courante afin de faire progresser la discussion.

108. Ponctuation, 3 ftes : virgule absurde entre *pouvons* et *tirer parti* (entre verbe et comp.) / virgule omise après l'incise *il me semble,* / point d'interrog. au lieu du point après *les nôtres ?* / virgules injustifiées avant et après *chez les classiques.*
- accentuation, 2 ftes : démythifier les *nô*tres. C*e*la n'aura...
- orthographe, 2 ftes : la sa*ti*re / démy*thi*fier (ne pas confondre avec démystifier).
- grammaire, 2 ftes : si nous réfléchissons, *nous* voyons... / nous y intéresser et nous passionner *pour elles.*

- temps, 3 ftes : la satire *aurait*-elle moins de portée / de même qu'elle *a critiqué* leurs mœurs... / Cela *n'aurait*...
- répétitions, 3 ftes : époque (3 fois) : La satire *de nos contemporains* aurait-elle moins de portée que celle *des sujets* de Louis XIV ?
de même que... de la même façon : comme elle a critiqué leurs mœurs, de démythifier les nôtres ? idées (2 fois) : supprimer la 2e occurrence (cf. *maladresse*).
- tournures familières, 3 ftes : nous trouvons *parfois* chez les *auteurs* classiques / rapport aux idées = au point de vue des idées.
- maladresses, 3 ftes : (et = lien trop lâche ici) des idées extrêmement modernes *dont* nous pouvons tirer parti (mais d'autre part = trop lourd). *Si* nous trouvons parfois chez les auteurs classiques des idées extrêmement..., nous voyons en réfléchissant... (au point de vue des idées = trop lourd) que les œuvres actuelles ne sont pas moins riches et que nous pouvons nous y intéresser avec autant de profit.

109. Chacun essaie de comprendre ces peintures à sa façon, et cela fait beaucoup d'interprétations possibles. Les uns se servent de leur imagination ; d'autres recensent tous les signes et toutes les figures, notent leurs places respectives et tentent ainsi de déchiffrer exactement la signification de l'ensemble. Le visiteur que passionnent les rapports entre les œuvres d'art est avant tout saisi par la beauté du spectacle ; puis il recherche et retrouve les éléments constants de la création artistique, qui se sont transmis à travers les âges jusqu'à nos jours.

LITTÉRATURE

PROFIL D'UNE ŒUVRE

ISSN 0750-2516

Imprimé en France par Pollina s.a., 85400 Luçon - n° 87631
N° d'édition : 18964 - Dépôt légal : septembre 2002